Geschichte(n) eines niederrheinischen Traditionshotels

230 Jahre „Hotel van Bebber"

Tim Michalak

Zeitreise Xanten

Geschichte(n) eines niederrheinischen Traditionshotels

230 Jahre „Hotel van Bebber"

anno
verlag

„Wenn es einen Glauben gibt, der Berge versetzen kann,
so ist es der Glaube an die eigene Kraft"

(Marie von Ebner-Eschenbach 1789)

(Wahlspruch von Familie van Dreveldt)

Zeitreise Xanten:
Geschichte(n) eines niederrheinischen Traditionshotels – 230 Jahre „Hotel van Bebber"

Bibliografische Information der Deutschen Bibliothek.
Die Deutsche Bibliothek verzeichnet diese Publikation in der Deutschen
Nationalbibliografie; detaillierte bibliografische Daten sind im Internet über
http://dnb.ddb.de abrufbar.

Alle Rechte, insbesondere das Recht der Vervielfältigung und Verbreitung sowie
das Recht der Übersetzungen, vorbehalten. Kein Teil des Werkes darf in irgendeiner Form –
durch Fotokopie, Mikrofilm oder ein anderes Verfahren – ohne schriftliche Genehmigung des
Verlages reproduziert oder unter Verwendung elektronischer
Systeme verarbeitet, gespeichert, vervielfältigt oder verbreitet werden.

2014, Anno-Verlag, Ahlen
Satz und Titelgestaltung: kasoan, Herzogenrath
ISBN: 978-3-939256-23-6
E-Mail: info@anno-verlag.de
Web: www.anno-verlag.de

Der Autor dankt vor allem:

Allen Institutionen, Gönnern und Personen, die das Projekt von Anfang an wohlwollend begleitet haben. Hier insbesondere Getraude und Carl-Hugo van Dreveldt für viele zielführende Gespräche.

Ein ganz besonderer Dank gilt der Geschäftsführerin Anne van Dreveldt-Trautmann und den Kolleginnen und Kollegen des „Hotel van Bebber" für viele konstruktive und freundschaftliche Hinweise und den nachhaltigen Zuspruch bei den Recherchen und der Abfassung des Manuskriptes. Herrn Prof. Dr. Dr. Jochem Küppers für wertvolle Anregungen und Korrekturen. Emil und Christiane Underberg für wertvolle Hinweise, konstruktive Gespräche, die Bereitstellung von seltenen Quellen und bislang unbekannten Anekdoten der Familiengeschichte. Herrn Altbürgermeister Alfred Melters für seine Bereitschaft ein Vorwort zu verfassen.

Dem Fotograf Helge Boele, Xanten, für seinen kurzfristigen und professionellen Einsatz. Frau Elisabeth Maas vom Stiftsmuseum Xanten für Ihre Hilfe bei Quellenrecherchen. Frau Gerda Hußmann für Informationen aus der Familiengeschichte. Herrn Helmut Sommer und Herrn Klaus Neske für die prompte Bereitstellung von seltenen Postkarten. Dem Lions-Club Xanten. Hier insbesondere Herrn Reinhold Schulte und Herrn Altbürgermeister Christian Strunk.

Nicht zuletzt danke ich meiner Frau Daniela für Ihre Bereitschaft auf gemeinsame Zeit zu verzichten und Korrektur zu lesen.

Aus Gründen der Lesbarkeit wird in diesem Buch auf die gleichzeitige Verwendung weiblicher und männlicher Sprachformen verzichtet. Personenbezeichnungen gelten immer für beide Geschlechter.

Inhaltsverzeichnis

Vorwort Altbürgermeister Alfred Melters 10

Vorwort Anne van Dreveldt-Trautmann 13

Einführung – Was das „Hotel van Bebber" so besonders macht:
Zwischen Tradition, Gegenwart und Zukunft 17

1. „Gründerjahre" – von Familie Ingenlath, einer königlichen Postkutschenstation und der „Franzosenzeit" (1782/84-1815) 23

1782/84 Hotelgründung oder Übernahme? Familie Ingenlath und
der „Niederrheinischer Hof" 23

1794-1815 „Franzosenzeit" und Besuch Napoleon Bonapartes 31

2. Zwischen Hotel und „Kuriositätenkabinett" – Wechselvolle Zeiten im 19. Jahrhundert (1815-1892) 33

1819 Konkurrenz oder Vorbild für den „Niederrheinischer Hof"?
Die Sammlung römischer Altertümer des Notars Houben in der Immunität 33

1840 Friedrich Engels schreibt unter einem Pseudonym
über das Hotel „Niederrheinischer Hof" 36

1855 Aloys Henninger berichtet über den Garten des Stammhauses 39

1877 Der weltberühmte Komponist Engelbert Humperdinck und
„die Xantener Spießbürger" im Hotel „Niederrheinischer Hof" 41

3. Der Beginn einer langen Ära – Familie van Bebber übernimmt (1892-1914) 45

4. Zwischen Truppenquartier und Erweiterung – Erster Weltkrieg und die „goldenen" Zwanziger Jahre (1914-1933) 49

1914-1918 Das Hotel wird im Ersten Weltkrieg Kommandantur und Truppenquartier ... 49

1924/25 Das Hotel wird entscheidend erweitert 52

5. „Braune Zeiten" – Nationalsozialismus und Zweiter Weltkrieg (1933-1945) 57

1933/36 Zeiten der „Gleichschaltung" – Ein Eintopfessen gerät zum Skandal 57

1940 Das erste Gästebuch erzählt von Truppeneinquartierungen und
einem prominenten Heerführer 60

1941 Namhafte UFA-Stars im „Hotel van Bebber" –
„Zwischen Himmel und Erde" zeigte das alte Xanten 63

1942 Die bekannten Xantener Künstler Emil und
Carl Barth und ihre künstlerische Würdigung des Hauses 65

1942/1943 Ein Silvesterabend – Kriegswende 68

1943 – Schon wieder die UFA zu Gast – Dreharbeiten zum Film „Träumerei" 72

6. „Stunde Null", Neubeginn und erneute Blüte (1945-1970) 75

1945/1946 Kriegsende – Winston Churchill und der Beginn einer „neuen Blüte" 75

1945/1946 „Nach Kriegsende" – das Xantener Original Josef Engel,
Familie Underberg und das „van Bebber" 83

1954 Erich Ponto – Ein Star aus dem legendären UFA-Film
„Die Feuerzangenbowle" in Xanten 87

1964 Mathias Wiemann – „Ein treuer Freund der Domstadt" 89

7. Von Bundespräsidenten und Schlagerstars – die 1970er Jahre 91

1970 Rote Grütze für den Bundespräsidenten Heinemann – „Hotel van Bebber"
als Ort einer Staatsjagd 91

1975 Bundespräsident Walter Scheel in Xanten 95

1975 Ein neuer Star am Schlagerhimmel im „van Bebber" – Marianne Rosenberg 96

1979 Der Bruder des späteren Papstes zu Gast – Georg Ratzinger 97

8. Stagnation und neue Investitionen – die 1980er Jahre (1980-1987) 99

9. Frischer Wind und „First Class Hotel" –
Die Ära Familie van Dreveldt (1987-2014) 101

1987-1989 Umbau und Neueröffnung durch Familie van Dreveldt 101

1991 Der Niederrhein-Kabarettist Hanns Dieter Hüsch schreibt über „van Bebber" 106

1991 „Als ich bei van Bebber saß, war´s Wetter nass" – Thomas Gottschalk 108

1991 Der Hotelchef greift in den Ablauf von „Wetten dass" ein – Rudi Carrell zu Gast 110

1991 Platin für einen Welthit – die „Scorpions" im „Hotel van Bebber" 111

1992-1995 „Der kleine Vampir", „Rennschwein Rudi Rüssel" und Co. –
Das Hotel dient wieder als Herberge für berühmte deutsche Schauspieler 112

1994/1996 Erweiterung und neue Investitionen – Das „van Bebber" wird
das erste „First Class Hotel in Xanten" 115

1996 Die spätere Bundeskanzlerin zu Gast im „Hotel van Bebber" – Angela Merkel 117

1998 „Die beste Band der Welt zu Gast" – „Die Ärzte" und die Rheumadeckenvertreter 119

2003 Bundesschützenfest in Xanten 121

2004 Neugründung im neuen Clublokal „Hotel van Bebber" – der Lions-Club Xanten 122

2004 „In die Ausbildung investieren" – Catrin Biermann steht stellvertretend
für viele Ausbildungserfolge des Hauses nach 1989 124

2005 „Kochen wie die Profis" – die „Miniköche" erobern das Hotelrestaurant 125

2007 Der Kabarettist Dieter Hildebrand lobt im Gästebuch die Atmosphäre des Hauses 127

2007 Peter Maffay wieder einmal in Xanten 128

2011 Der spätere Bundespräsident Joachim Gauck übernachtet im „Hotel van Bebber" 130

2011 Die „Supernase" Mike Krüger zu Gast 131

2012 Matthias Opdenhövel moderiert „Brot und Spiele"
im APX-Xanten ist wieder einmal Schauplatz einer großen Samstagabend-Show 132

„Lebendiges ‚Hotel van Bebber'" – die Sonderaktionen
von Familie van Dreveldt (1989-2014) 135

Zum Autor 138

Quellenverzeichnis 138

Bildnachweis 139

Unsere Sponsoren 140

Vorwort Altbürgermeister Alfred Melters

Schlendert man in Xanten durch das Mitteltor, um zum mittelalterlichen Klever Tor zu gelangen, wird der Blick von einer weit ausladenden Hausfassade angezogen, die sich von den benachbarten kleingliedrigen Bürgerhäusern deutlich abhebt. Ihre klaren klassizistischen Formen weisen den Betrachter auf ein weiteres Architekturmonument des alten Xantens hin. Doch damit nicht genug! Hinter diesen Mauern verbirgt sich ein Hotel mit nachweislich 230-jähriger Tradition. In der Tat, eine erstaunlich lange Kontinuität!

Betritt man nun das Hotel durch das kunstvoll geschnitzte schwere Eichenportal, spürt man sofort die besondere geschichtliche Atmosphäre des Hauses. Da ist zunächst das „Fürstenzimmer" mit seinem heiter anmutenden Rokoko-Ambiente. Und einige Schritte weiter eine ganz andere gastronomische Welt: In der berühmten „Bauernstube" fühlt man sich bei einfallendem Sonnenlicht wie in einer vom niederländischen „Bauern-Bruegel" im 16. Jahrhundert gemalten anheimelnden Gaststube. Von den Wänden erzählen hier liebevoll gesammelte Bilder von Ereignissen und Persönlichkeiten aus zurückliegenden Zeiten der Xantener Geschichte.

Steigt man nun über verwinkelte Treppen in die Unterwelt des Hauses hinab, öffnet sich der Blick in ein mittelalterliches Kellergewölbe, Ort einer urigen Kellerkneipe. Diese von Geschichte bestimmte Atmosphäre setzt sich im ganzen Hause fort. Selbst im neuen Erweiterungstrakt ist dieser Stil beibehalten worden. Doch nicht nur die Architektur und das Interieur sind es, die dem Haus das besondere Flair vermitteln. Es sind die Menschen, die hier verweilten und mit Ihrem Namen dem Haus Wert und Charakter verliehen: Napoleon zum Beispiel ließ es sich nicht nehmen, hier zu dinieren. In den folgenden zwei Jahrhunderten haben dann noch viele Größen aus Politik, Wirtschaft und Kultur die Gastlichkeit des Hauses erfahren und über die Maßen gelobt. Unter ihnen ist Bundespräsident Walter Scheel hervorzuheben, der aus Anlass einer Jagd hier weilte.

Das „Hotel van Bebber" ist aber nicht nur ein Haus der Großen, es war durch alle Zeiten vor allem auch immer ein Zentrum der Xantener Bürgergesellschaft. An dem sagenumwobenen „Runden Tisch" im Schankraum traf sich alles, was

Der legendäre „Runde Tisch" im Eingangsbereich des „Fürstenzimmer".

in Xanten Rang und Namen hatte. Hier war eine wichtige Meinungsbörse, hier wurden Entscheidungen angebahnt. Hier war es, wo der Rockbarde Joe Cocker exzessiv ausflippte, wo Thomas Gottschalk nach „Wetten dass" in der APX-Arena der Frau des damaligen Bürgermeisters im Übereifer ein Tablett Sekt über das Kleid goss.

Anekdoten und Begebenheiten gibt es unendlich viele über dieses Haus, die von einer großen und lebendigen Vergangenheit erzählen.

Und doch hat das Hotel auf seinem langen Weg durch die Geschichte auch immer wieder Krisen erlebt. Die schlimmste war sicherlich die starke Zerstörung des alten Stammhauses in den letzten Wochen des Zweiten Weltkrieges. Es ist der Familie van Bebber zu verdanken, dass trotz der völligen Vernichtung des Hauptgebäudes schon 1945 der Hotelbetrieb im weniger zerstörten Nebenhaus, dem heutigen Hotel, unter größten Schwierigkeiten wieder aufgenommen werden konnte und dadurch die Stadt inmitten der Trümmer ihr gastronomisches Herz zurückerhielt. Ein wichtiger Schritt in die Zukunft war dann die Übernahme des Hotels im Jahre 1987 durch die Familie van Dreveldt, die mit sehr viel Herzblut und großem finanziellem Engagement die Modernisierung des Hauses vorantrieb, ohne den Charakter des Hauses zu beeinträchtigen.

Über dem Kamin in der Bauernstube steht ein für das Haus sinnfälliger Spruch: „Nunc vino pellite curas!" „Vertreibt Eure Sorgen hier und jetzt mit einem Glas Wein!" In der wunderbaren Atmosphäre des Hauses und von einer ausgesuchten Gastlichkeit begleitet, konnten Gäste durch Generationen Augenblicke der Sorglosigkeit und Entspannung in diesem Sinne immer wieder erleben.

Allen sei gedankt, die diesen Geist des Hauses durch die Generationen getragen und die damit unserer Stadt ein außerordentliches Markenzeichen verliehen haben. Dieses Hotel in seinem besonderen Geist auch in Zukunft weiter zu erhalten ist Wunsch und Hoffnung vieler Xantener Bürger und vieler Gäste aus nah und fern.

Alfred Melters, Altbürgermeister der Stadt Xanten
Schirmherr der Jubiläumsveranstaltungen „230 Jahre Hotel van Bebber"

Vorwort Anne van Dreveldt-Trautmann

*„… Wenn du in Xanten bist
Und hast bei van Bebber Wild gegessen
Spürst du auf einmal Geschichte …"*

Gedanken von Hanns Dieter Hüsch

Liebe Gäste und Freunde des Hauses!

25 Jahre im Namen der Gastfreundschaft hat unsere Familie mit dem „Hotel van Bebber" erlebt. Ich nehme mir ein paar Minuten Zeit, die Augen zu schließen und innezuhalten. Wir hatten hier im „Hotel van Bebber" tolle Zeiten, traurige Momente, augenscheinlich unlösbare Probleme. Aber diese Herausforderungen, ob klein oder groß, ob mitten im Alltag eingebunden oder für eine bestimmte Zeit, machen uns stärker und erfahrener und zu den Menschen, der wir heute sind. Danke meinem Ehemann Lars!

Das „Hotel van Bebber" bietet einen Ort der Erholung für Geist und Seele. Schon beim Hereinkommen werden unsere Gäste mit einem herzlichen Lächeln begrüßt und es macht uns allen immer wieder Riesenfreude, unsere Gäste zu verwöhnen. Ich bin sehr dankbar, mit meiner Familie und dem gesamten Team einen solchen Ort geschaffen zu haben, in dem die Atmosphäre von Herzlichkeit und Freundlichkeit bestimmt wird. Immer wieder höre ich von Gästen, dass genau diese Dinge den kleinen Unterschied machen. Wir haben unseren Weg gefunden und es fühlt sich gut an! Gehen Sie Ihn mit uns!

Natürlich steht hinter diesem außergewöhnlichen niederrheinischen Traditionshotel eine Familie mit Herzblut ...

Carl-Hugo van Dreveldt ist der Bauherr des 1988 großzügig und meisterhaft von Grund auf sanierten Hotelkomplexes, der jeden Winkel des uralten Gemäuers kennt. Er zeichnet verantwortlich für den Einkauf, die ausgesuchten Weine und die vielen Wildspezialitäten als hiesiger Jäger.

Ob vor oder hinter den Kulissen, Gertraude van Dreveldt präsentiert das Hotel als professionelle Gastgeberin. Mit viel Liebe zum Detail prägte sie das einzigartige Interieur, das sich auch wie ein seidener Faden durch den 1994 erweiterten Hoteltrakt zieht. Ihre zweite große Liebe war ihre besondere und persönliche Art, neue und faszinierende kulinarische Erlebnisse zu etablieren. Mein „kleiner" Bruder Dr. Axel van Dreveldt hat sich mit seiner Frau Ulrike und den beiden Kindern in seiner Wahlheimat Hamburg niedergelassen und selbstständig gemacht. Er hat uns jederzeit mit Tat, Engagement und juristischem Rat unterstützt.

Ich war schon ein wenig stolz, die Geschäftsnachfolge dieses familiengeführten Traditionshauses im Jahr 2000 anzutreten. Mit diesem „JA" habe ich mich für Innovation, Motivation und Verantwortung entschieden und habe mein Hobby zum Beruf gemacht. Mein Weg hat mich über mehrere Stationen in Düsseldorf, London und Dortmund geführt, um den vielseitigen Beruf des Hotelfachs „von der Pike auf" zu lernen. Eine spannende und abwechslungsreiche Branche mit vielfältigsten Möglichkeiten und Chancen, in der Menschen im Mittelpunkt stehen. Gerade diese Verbindungen mit Menschen, geben dem Leben seinen Wert. Das Gastgewerbe ist eine Branche, die keine Grenzen kennt. Die Türen des „Hotel van Bebber" stehen jedermann offen ...

Sollten Sie dann über die ehrwürdige 230 Jahre alte Treppe zu den Zimmern gehen, so erzählt Ihnen das Knarren des Holzes so manche Geschichte über die lebhafte Vergangenheit des Hotels und die vielen individuellen Menschen, die hier ein- und ausgegangen sind und dieses Haus geprägt haben.

Und diese Geschichte halten Sie gerade in den Händen. Ich habe mir einen Traum verwirklicht!

Die Festschrift zum 25-jährigen Familienjubiläum und zur 230-jährigen Hotelgeschichte.

Du, lieber Tim Michalak, lässt auf Grund Deines unglaublichen Spürsinns, vieler Recherchen und persönlicher Gespräche mit unserer Familie und Zeitzeugen, unter anderem bei einem leckeren Milchkaffee, viele kleine und große Geschichten unserer Hausgäste und auch die Xantener Geschichte lebendig werden. Danke Tim, ein tolles Werk! Mit diesen Anekdoten in unserer so schnelllebigen Zeit ist Dir eine einzigartige historische Aufarbeitung der Hotelgeschichte gelungen.

Erfreuen Sie sich beim Durchblättern. Erinnern Sie sich dabei an die ruhigen, besinnlichen aber auch die heiteren Stunden im „Hotel van Bebber". Aber lesen Sie selbst, was das „Hotel van Bebber" so besonders und einzigartig macht.

Ich freue mich, Sie ganz persönlich im „herausgeputzten" „Hotel van Bebber" begrüßen zu können. Ob Kunstausstellung, Autorenlesung, Filmvorführung, Weinfest, Kabarett, Konzertdarbietung und Kinderoper; eine gelungene Mischung aus altbewährten und völlig neuen Highlights wartet im Jubiläumsjahr 2014/2015 auf Sie. An dieser Stelle möchte ich Herrn Alfred Melters für seine Unterstützung als Schirmherr dieser Veranstaltungen danken! Wir sind voller Enthusiasmus und wollen Sie damit anstecken! Das „Hotel van Bebber" als Refugium für die schönsten Seiten des Lebens.

Es gibt Hotels, von denen man am liebsten jedem erzählen möchte …
… ein Lächeln in den Augenwinkeln
… das persönliche Wort der Frühstücksdame
… viel Romantik im Himmelbettzimmer
… ein bisschen Landhausstil mit historischen Dachbalken und Giebelfenstern
… spritziger Sekt in der Badewanne mit Blick auf den Dom
… das „frisch Gezapfte" vom Seniorchef an der englischen Hotelbar
… die Begeisterung der Seniorchefin, wenn sie interessierten Gästen ihre Bildersammlungen erklärt
… die Sonnenstrahlen, die durchs Balkonfenster am Westwall Park fallen
… meine Kinder Anna und Paula, die den Gästen an der Rezeption schon „Dönekes" erzählen
… ein Langschläfer-Frühstück mit frischem Orangensaft und duftenden Brötchen
… eine historische Hausführung mit dem „Geist von Ingenlath", der Sie Geschichte spüren lässt
… die professionelle Beratung der Rezeptionsassistentin bei Ihrer Tagungsplanung
… individueller Service zu jeder Jahreszeit an 365 Tagen im Jahr…

Ausspannen, erholen oder sich verwöhnen lassen – nehmen Sie sich die Zeit. Wir freuen uns auf bekannte und neue Gesichter, auf fröhliche Stunden und interessante Gespräche.

Viele Grüße und bis bald Ihre Anne van Dreveldt-Trautmann mit dem Team des „Hotel van Bebber".

Das Team des „Hotel van Bebber" im Jubiläumsjahr 2014.

Einführung

Was das „Hotel van Bebber" so besonders macht: Zwischen Tradition, Gegenwart und Zukunft

Das „Hotel van Bebber", bis zum Beginn des 20. Jahrhunderts auch „Niederrheinischer Hof Ingenlath" genannt, ist seit über 230 Jahren nachweislich das erste und älteste Haus seiner Art in Xanten und Umgebung. Wahrscheinlich geht die Geschichte des Hauses, wie jüngste Recherchen ergaben, bis in das Spätmittelalter zurück. Es ist davon auszugehen, dass hier an der Klever Straße bereits im 15. Jahrhundert ein Gasthof mit unbekanntem Namen bestand. Noch heute beindruckt das aus dem 18. Jahrhundert stammende Hotelgebäude Xantener und Touristen gleichermaßen.

Das eigentliche Stammhaus Klever Straße 14, das sich bis ins Jahr 1945 nördlich des heutigen Hotelgebäudes anschloss, wurde bei den verheerenden Luftangriffen Anfang 1945 vollständig durch Bomben vernichtet. Es stammte noch aus dem Mittelalter und stellte zu dieser Zeit bereits ein wichtiges Baudenkmal Xantens dar. Das im Stil des Frühklassizismus erbaute heutige Hotelgebäude (Klever Straße 12) überstand die Kriegsereignisse bis auf Schäden am Nordflügel.

Die Gründung des Hotels „Niederrheinischer Hof" ist uns in einer klevischen Gewerbeliste für den September 1782 überliefert. Familie Ingenlath übernahm eine bereits existierende königliche Postkutschenstation und gründete ein „neues Etablissement" mit wenigen Zimmern. Es ist davon auszugehen, dass die noch heute in Xanten bekannte Familie damals bereits zur städtischen Oberschicht gehörte. Die Ingenlaths bauten seit den 1830er Jahren in den Räumen des Stammhauses eine nicht unbedeutende Sammlung mit römischen Funden aus Vetera und der CUT auf, so dass man in Xanten von einem Hotel mit „Heimatmuseum" sprach.

Im Jahr 1892 übernahm den damals schon überregional bekannten „Niederrheinischen Hof Hotel Ingenlath" (Klever Straße 14) die in Xanten und Umgebung weit verzweigte Familie van Bebber, welche schon in früheren Zeiten Kanoni-

Das Anfang 1945 zerstörte Stammhaus (um 1940).

ker für das Stift stellte. Sie bewirtschaftete das Hotel bis in das Jahr 1987. Seit über 25 Jahren führt die Inhaberfamilie van Dreveldt diese einzigartige Tradition erfolgreich fort.

Das heutige Hotelgebäude (Klever Straße 12), das in seiner Ursprungsform ein Kaufmannshaus mit Packboden aus dem Jahr 1784 darstellt, wurde von Familie van Bebber erst in den 1920er Jahren erworben und nachfolgend durch Umbau mit einem Speisesaal und anderen Räumlichkeiten in das alte Stammhaus integriert. Zwischen 1924 und 1945 fungierten also – im Gegensatz zu heute – zwei historische Gebäude aus dem Spätmittelalter und aus dem 18. Jahrhundert als ein „Hotel van Bebber".

Der hoteleigene Garten war vor dem Krieg ebenfalls berühmt. Hier wurde bereits von Familie Ingenlath eine römische Sphinx ausgestellt, die der Legende nach bei Grabungen in Vetera gefunden wurde. Im Jahr 1945 stark beschädigt, befindet sich heute nur ein Fragment des Kopfes im Besitz der Inhaberfamilie. Einige Teile der Ausstattung des im Zweiten Weltkrieg zerstörten Stammhauses konnten geborgen werden und sind bis heute im Besitz der Familie van Dreveldt.

Auch das jetzige Hotelgebäude kann noch einige architekturgeschichtlich bedeutende Kostbarkeiten präsentieren: Erhalten blieben zum Beispiel das historische „Fürstenzimmer" (im Stil des Rokoko gehalten) mit eindrucksvoller Stuckdecke, das Treppenhaus und große Teile des Interieurs der in den 1950er Jahren neu gestalteten so genannten „Bauernstube". Das Stammhaus wurde nach dem Krieg nicht wieder aufgebaut. Sein Gelände diente lange als Parkplatz. Heute steht hier ein modernes Geschäftshaus.

Werbung des Hotels auf der Rückseite des offiziellen Xantener Stadtplans (um 1920).

Zuletzt wurde das heutige Hotelgebäude im Jahr 1994 durch einen Neubau entscheidend erweitert. 1995 konnte, ein Jahr nach der Neubauerweiterung, erstmals der Status als „Viersterne-Hotel" gefeiert werden. Ein

Das Gelände des früheren Stammhauses im Jahr 1981.

besonderes Aushängeschild des Hauses war immer das hoteleigene Restaurant, das typische niederrheinische Speisen und erlesene Getränke anbot. Es ist geplant, dass in Zukunft wieder an diese einzigartige Gourmettradition angeknüpft werden kann.

Interessanterweise hat das Hotel in nunmehr über 230 Jahren nur drei Namen getragen: „Niederrheinischer Hof Ingenlath" (1782-1892), „Hotel van Bebber" – Niederrheinischer Hof" (1892-1904) sowie „Hotel van Bebber" (1904-2014). Eine Umbenennung in „Hotel van Dreveldt" ist, so die derzeitige Inhaberfamilie, obwohl das Hotel nun seit 25 Jahren unter ihrer Leitung steht, nicht geplant. Der Name „van Bebber" hat im 20. Jahrhundert so viel Tradition und Anerkennung – weit über die Stadtgrenzen Xantens hinaus – erhalten, dass eine Umbenennung gegenwärtig auch nicht sinnvoll erscheint.

Der „De Kelder" unter dem heutigen Hotel stammt aus dem 14. Jahrhundert und gilt als einer der beliebtesten gastronomischen Treffpunkte in Xanten.

HÔTEL VAN BEBBER, XANTEN. (NIEDERRHEINISCHER HOF)

Eine der ältesten Ansichten vom Ende des 19. Jahrhunderts zeigt uns den Speisesaal im alten Stammhaus.

„Tradition and history sells" – ein Marketinginstrument, das sicherlich Sinn macht: Tradition und Geschichte schafft Vertrauen und Nachhaltigkeit – ein Pfund, mit dem man in unserer heutigen schnelllebigen Zeit gerade im Bereich des Gastgewerbes wuchern kann und sollte! Die geschmackvolle und abwechslungsreiche Ausstattung der verschiedenen Zimmer, unter anderem mit ausgesuchten Antiquitäten, Stuckkaminen, Eckbadewannen und Dom-Blick, machen einen Aufenthalt im Haus zu einer Reise in die „gute alte Zeit" des Niederrheins.

„Besonders" ist auch die Quellenlage zur Geschichte des Hauses. Alle Akten und Gästelisten aus der Zeit vor 1945 wurden, bis auf ein Gästebuch, das seit 1940 neu geführt wurde, in den letzten Kriegstagen vollständig vernichtet. Trotzdem konnten die bisherigen großen Lücken in der Überlieferung aus der Zeit vom 18. Jahrhundert bis zum Februar 1945 durch umfangreiche Recherchen in Archiven in ganz Deutschland einigermaßen geschlossen werden. Leider konnten wir für diesen langen Zeitraum nur wenige bekannte Persönlichkeiten, die zu Gast im Haus an der Klever Straße waren, dokumentarisch nachweisen.

Die Epoche zwischen dem Ende des Zweiten Weltkriegs und der Gegenwart hingegen ist durch fünf erhaltene Gästebücher mit zahlreichen Einträgen prominenter Gäste, sehr gut dokumentiert. Hinzu kommt das Privat- und Hotelarchiv von Familie van Dreveldt, welches seit April 1989 vorbildlich geführt wird.

Vor diesem Hintergrund ergab sich in der Konzeption dieses Buches auch eine zwingende Zweiteilung in der thematischen Gliederung: Die Geschichte des „Hotel van Bebber" zwischen 1782/84 und dem Beginn des Zweiten Weltkrieges wird anhand von archivalischen Quellen mit vielen neuen Erkenntnissen, auch zur Xantener Stadtgeschichte, dokumentiert. Für den Zeitraum zwischen 1940 und 2014 werden, dank der erhaltenen Gästebücher, vor allem die wichtigsten Fakten und Anekdoten der prominenten Gäste und Persönlichkeiten vorgestellt. Folgen Sie uns nun auf eine Reise in ein besonderes Haus mit einer großen Tradition.

1. „Gründerjahre"

Von Familie Ingenlath, einer königlichen Postkutschenstation und der „Franzosenzeit" (1782/84-1815)

1782/84 Hotelgründung oder Übernahme?
Familie Ingenlath und der „Niederrheinischer Hof"

Vor den Recherchen zu diesem Buch war über die Gründungsgeschichte des Hauses, bis auf wenige Zahlen und Erwähnungen in alten Reiseführern, die zum Teil auch noch widersprüchliche Informationen lieferten, nichts bekannt. Dieses konnte man darüber hinaus auch für den gesamten Zeitraum zwischen dem Ende des 18. Jahrhunderts und dem Jahr 1940, als das älteste – heute noch erhaltene – Gästebuch begonnen wurde, feststellen.

Erst die Erschließung zahlreicher und bislang unbekannter Quellen macht es möglich, die Geschichte der Hotelgründung durch Familie Ingenlath in den 1780er Jahren einigermaßen zu rekonstruieren.

Auch das alte Rathaus am Markt wurde in den 1780er Jahren umgebaut.

So in etwa muss auch im 18. Jahrhundert bereits der Blick auf den Dom ausgesehen haben.

Das heutige straßenseitige Hauptgebäude, Klever Straße 12, stammt, so verrät es die klassizistische Fassade und die Jahreszahl über dem Haupteingang, aus dem späten 18. Jahrhundert. Erste Baupläne datieren aus dem Jahr 1782; seine endgültige Vollendung erfolgte im Oktober 1784.

Wie bereits oben erwähnt, ist dieses Gebäude nicht das Gründerhaus gewesen. Es befand sich bis 1945 in direkter Nachbarschaft auf dem Gelände des heutigen Wohn- und Geschäftshauses Klever Straße 14. Errichtet wurde das Vordergebäude des heutigen Hotels von der in Xanten bekannten und einflussreichen Kaufmannsfamilie Schleß, die wiederholt den Xantener Bürgermeister stellte. Bis wann sie Eigentümer des Gebäudes waren ist nicht bekannt.

Im Jahr 1784 hatte Xanten, glaubt man einer Akte aus demselben Jahr, exakt 2019 Einwohner. Die Kleinstadt am Niederrhein hatte damals schon lange ihre einstige strategische und wirtschaftliche Bedeutung verloren. Auch das benachbarte Stift kämpfte mit finanziellen Problemen. So musste aus finanziellen Gründen unter anderem die Propstei unbesetzt bleiben. 1784 war auch klimatisch in Xanten ein besonderes Jahr: So fror der Rhein im Januar fast vollständig zu. Im Februar kam es aufgrund von Tauwetter zu verheerenden Überschwemmungen im Bereich der östlichen Kernstadt und in der Beek.

Die topographische Lage des neuen Packhauses, welches im Erdgeschoss Kontor- und Repräsentationsräume (heutiges „Fürstenzimmer"), in der ersten Etage die Privatwohnung und im Dachgeschoss Lagerflächen für Kolonialwaren wie Tee, Tabak, Gewürze und vor allem Getreide aufwies, war an der Fernstraße Köln-Kleve-Niederlande ideal.

Für die damaligen Zeitgenossen muss das heutige Hotelgebäude, das außen im Stil des Frühklassizismus gestaltet war, im Vergleich zu den benachbarten Häusern, die noch aus dem Mittelalter stammten, sehr modern gewirkt haben.

Die ehemalige Wohnung der Familie Schleß wird heute als Zimmerbereich genutzt. Im Hintergrund ist noch ein Teil der historischen Rokoko-Ausstattung erhalten.

Interessant ist darüber hinaus, dass das heutige „Fürstenzimmer" im Erdgeschoss fast ganz im Stil des Rokoko ausgebaut wurde, was sicherlich dem persönlichen Geschmack der Familie Schleß entsprach. Auch ein historischer Gewölbekeller aus dem 14. Jahrhundert wurde in den Neubau integriert. Er zählt als Gaststätte „De Kelder" heute zu den beliebtesten Adressen in Xanten.

Ein ähnliches Gebäude findet man übrigens mit dem Stammhaus der Familie Haniel in Duisburg-Ruhrort. Im dortigen Haniel Museum kann man sich noch heute anschaulich über die Lebensverhältnisse einer niederrheinischen Kaufmannsfamilie am Ende des 18. Jahrhunderts informieren.

Die Straße („Chaussee") zwischen Köln und Kleve, d. h. die heutige Klever Straße, folgte, etwas nach Westen versetzt, dem Verlauf der alten Römer- bzw. Limesstraße. Der Bereich zwischen Mittel- und Klever Tor gehörte noch im späten 18. Jahrhundert zu den vornehmsten Adressen in der niederrheinischen Ackerbürgerstadt. Gegenüber standen damals noch Gebäude, die von den Kanonikern des Xantener Stiftes bewohnt wurden. Erhaltene Aufnahmen aus der Zeit vor dem Zweiten Weltkrieg belegen dies auf eindrucksvolle Weise.

Ein historisches Fahrzeug soll zu Beginn des 21. Jahrhunderts an die einstige Bedeutung als preußische Postkutschenstation erinnern.

In einem klevischen Gewerbeverzeichnis ist zu lesen, dass Familie Ingenlath im Jahr 1782 ein „Etablissement" mit neun Zimmern neben der Postkutschenstation übernommen hat. Auf alten Fotos sind noch die gotischen Fenster des Stammhauses sowie die typischen Seitengiebel zu erkennen. Das Gebäude ähnelte dem so genannten „Agnetenkloster" in der Niederstraße, das vor 1402 errichtet wurde. Auch das Stammhaus wies, bis zur völligen Zerstörung am Ende des Zweiten Weltkriegs, einen spätgotischen Gewölbekeller auf. Dieser diente während des Jahres 1941 unter anderem als Filmkulisse zum UFA-Klassiker „Zwischen Himmel und Erde".

Inwieweit im Stammhaus, Klever Straße Nr. 14, bereits ein Gasthaus etc. bestanden hat, muss aufgrund fehlender schriftlicher Quellen weitgehend offen bleiben. Es ist aber davon auszugehen, dass es bereits vor der Hotelgründung im Jahr 1782 eine Herberge mit Übernachtungsmöglichkeit gegeben haben muss. Hierfür lassen sich im heutigen Hotelgebäude einige Indizien bzw. Fakten finden: So sind zum Beispiel im heutigen „Fürstenzimmer" mehrere Fensterbilder mit Inschriften und bildlichen Darstellungen aus dem zerstörten Stammhaus erhalten geblieben. Das älteste stammt aus dem Jahr 1606. Weitere aus derselben Zeit bilden Dar-

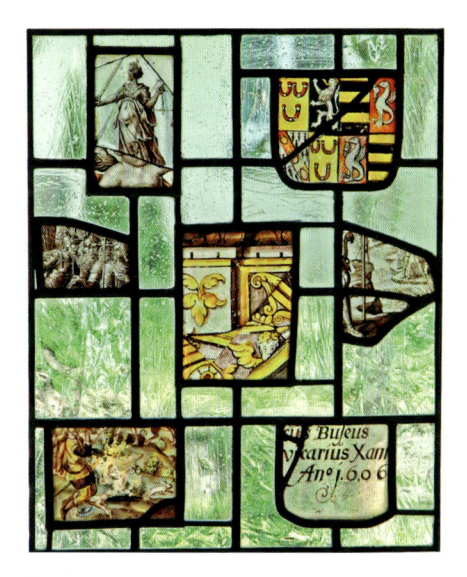

Das Fensterbild aus dem Jahr 1606, welches aus den Trümmern des Stammhauses nach 1945 gerettet werden konnte und einen „Vicarius Buseus" nennt.

stellungen des Weingottes sowie allegorische Collagen zum Thema „Wein" ab.

Ebenso können wir auf einem Fensterbild, welches aus den 30er Jahren des 19. Jahrhunderts stammt und die Signatur von Franz Ingenlath zeigt, unter anderem ein Porträt Friedrichs des Großen (neben Napoleon) erkennen. Dies könnte ein wichtiges Indiz dafür sein, dass der „Niederrheinischer Hof" bereits vor der Gründung/Übernahme durch Familie Ingenlath als Gasthaus bestanden haben könnte. Einige der erhaltenen und im Krieg beschädigten Fensterbilder sollten wohl an eine heute vergessene Gasthaustradition vor dem 18. Jahrhundert erinnern.

Nachweislich war der „Alte Fritz" am 15. Juni 1763 in Xanten. Darüber hinaus ist zu vermuten, dass er auf seiner Reise zu den berühmten Treffen mit Voltaire auf Schloss Moyland, im Jahr 1740, auch durch Xanten gekommen ist und an der Klever Straße Station gemacht hat. Die ikonographische Bezeichnung „Napoleon I." zeigt uns, dass das Fensterbild wahrscheinlich nach dem Tod des ehemaligen französischen Kaisers entstanden sein muss. Auf den gebürtigen Korsen folgten später Napoleon II. und Napoleon III.

Andererseits ist auch denkbar, dass Familie Ingenlath das spätere Stammhaus des „van Bebber" von einem Kanoniker und/oder Geistlichen des Stiftes, welcher dieses früher als Wohn- oder Gasthaus genutzt hat, ankaufte. Aufgrund der mangelhaften Quellenlage muss dies aber offen bleiben. Der auf einem Fensterbild von 1606 im „Fürstenzimmer" erwähnte „Vicarius Buseus" ist wohl als Henrich(-cus), Bueß, Buiß, Buyß, Buseus, Buseusae mit den Bezeichnungen „Magister" und „Vikar des St. Petersaltars zu Xanten", „Vorsteher des Klosters Hagenbusch"

Das Fensterbild aus dem frühen 19. Jahrhundert zeigt Friedrich der Große (links) und Napoleon (rechts). Nach 1811.

Die Postkarte um 1900 zeigt den historischen Kamin im Stammhaus mit Aufbau.

anzusprechen. Er lebte von 1581-1612 und wird in sieben Urkunden des Stiftes Xanten genannt. Betrieb er im alten Stammhaus bereits eine Gaststube, die dem damals nicht weit entfernten Kloster Hagenbusch zuzuordnen ist?

Welche weiteren Spuren und Indizien aus der Zeit vor 1782 lassen sich darüber hinaus finden?

Der älteste erhaltene Ausstattungsgegenstand aus der Zeit vor der Hotelgründung in den 1780er Jahren stellt eine Kaminplatte dar, welche bis 1945 im benachbarten Gründerhaus eingebaut war und heute als Fragment in der „Bauernstube" erhalten ist. Die gusseiserne Kaminplatte, die früher auf einen Ofen aufgesetzt war und sehr wahrscheinlich von Familie Ingenlath beim Kauf des späteren „Niederrheinischen Hofs" übernommen wurde, stammt – so die gut lesbare Inschrift – aus dem Jahr 1556, d. h. aus der Endphase der Spätgotik. Zu dieser Zeit wurde in der Nachbarschaft unter anderem das heute noch erhaltene Gotische Haus erbaut.

Auf der Kaminplatte sind zwei interessante Darstellungen zu erkennen. Das Hauptrelief zeigt drei Heilige mit einem

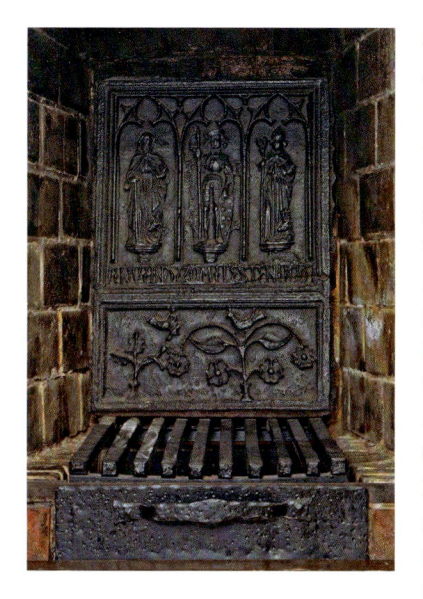

Das Rudiment der Kaminplatte mit den drei Heiligen aus dem zerstörten Stammhaus ist in der „Bauernstube" aufgestellt.

gotischen Motiv. Paul Ley hat hier den Stadtpatron St. Viktor, den heiligen Antonius, dem auch ein Altar im Dom geweiht wurde, sowie den heiligen Hubertus, Bischof von Lüttich, identifizieren können. Ley vermutet, dass diese hier dargestellten Heiligen durchaus als Schutzheilige der damaligen Hausbesitzer anzusprechen sind. Dies unterstreichen auch die zahlreichen ikonographischen Zitate. Leider ist das ganze Bild- und Inschriftenprogramm nicht mehr erhalten. Dennoch haben sich aus der Vorkriegszeit Fotoaufnahmen erhalten, die unsere Kaminplatte im zerstörten Stammhaus zeigen.

Es ist sicherlich ebenfalls zu erwähnen, dass in der Zeit, als man dieses Kunstwerk in einer Werkstatt in der Eifel fertigte und im späteren Stammhaus Ingenlath einbaute, das benachbarte Stift umfassend modernisiert wurde. Die Fertigstellung des Domes sowie der Neu- bzw. Umbau einiger Stiftsgebäude zeugen von einem damaligen Innovationsprogramm des katholischen Klerus in Xanten. Interessant ist, dass dieses Programm mit der angesprochenen Kaminplatte auch in einem Xantener Bürgerhaus oder Gasthof seinen Niederschlag gefunden hat. Somit gehört die erhaltene Ofenplatte aus dem späteren „Niederrheinischen Hof" zu den wichtigsten Zeugnissen der Gegenreformation in Xanten. Vielleicht spricht ja die Darstellung des heiligen Hubertus, dem Schutzpatron der Jagd, für eine Nutzung des Stammhauses im 16. Jahrhundert als Gasthaus, wo Wild serviert wurde und Jagdgesellschaften zusammenkamen. Die Inschrift der Ofenplatte lautet: „NV. IND. ZOM. Lesten. 1556". Übersetzt: „Jetzt und zum Letzen". Somit können wir, fassen wir die oben beschriebenen Indizien zusammen, vorsichtig formuliert, vom Ankauf eines bereits bestehenden Gewerbes, das später unter dem Titel „Niederrheinischer Hof" fungierte, ausgehen, welches bereits vor den 1780er Jahren Schankwirtschaft, Post und Pferdewechsel vereinigte.

Einen seltenen Einblick in die gute Stube des alten Stammhauses mit Ofenplatte usw. bietet uns diese Postkarte aus der Zeit vor 1933.

Das Porträt stellt Heinrich Ingenlath dar und hängt bist heute in der „Bauernstube".

Die Gründer bzw. Käufer des „Niederrheinischer Hof" sind uns namentlich bekannt: Heinrich Ingenlath (gestorben 1802) und Anna Catharina, geb. Scholten (gestorben 1806). Ihre Porträts, gemalt in Öl auf Leinwand, hängen noch heute in der „Bauernstube". Ebenso ist die Tochter der Gründerfamilie dort bis heute zu bewundern.

Wie bereits erwähnt, hat sich nur ein kleiner Teil der originalen Ausstattung und Gegenstände aus der Zeit des späten 18. Jahrhunderts erhalten. Einige Dinge,

Altes Gastzimmer im früheren „Niederrheinischer Hof (um 1914).

Anna Catharina Ingenlath, die Frau des Hotelgründers.

darunter römische Scherben der einstigen Altertumssammlung, wurden beim Neubau des benachbarten Gebäudes, Klever Straße 14, im Jahr 1982 in der Baugrube, die planierten Schutt aus dem Gründerhaus aufwies, gefunden. Andere konnten bereits im Februar 1945 geborgen werden und sind bis heute im Erdgeschoss des Hotels zu bewundern.

1794-1815 „Franzosenzeit" und Besuch Napoleon Bonapartes

Zwei Jahre später, im Oktober 1794, wurden das linke Rheinufer und somit auch Xanten und der „Niederrheinischer Hof" französisch. Die ersten Franzosen rückten am 21. Oktober 1794 in die Domstadt ein. Die höheren Offiziere wurden im „Niederrheinischer Hof" und in Privathäusern untergebracht. Das Hotel an der Klever Straße

Eingangsbereich des heutigen Hotelgebäudes, das während der „Franzosenzeit" als Wohn- und Geschäftshaus genutzt wurde.

litt unter stetig wechselnden Einquartierungen und Beschlagnahmungen. Familie Ingenlath drohte zeitweilig die Pleite. Mit dem „Frieden von Basel" wurde am 5. April 1795 auch Xanten in die französische Republik eingegliedert. Aus einem preußischen Hotel war nun ein französisches Gewerbe geworden. Auch zu dieser Zeit logierten hier, neben den französischen Soldaten, zahlreiche Privatreisende.

Bei einem heftigen Sturm, welcher am 9. November 1800 in Xanten tobte, wurde auch das Stammhaus stark beschädigt. Auch das Nachbarhaus und heutige Hotel, das von einer Xantener Kaufmannsfamilie bewohnt wurde, wies zahlreiche Schäden auf. Der Besuch Kaiser Napoleon Bonapartes, im Jahr 1811, gehört zu den Höhepunkten der damaligen Stadt- und Hausgeschichte. Napoleon war mit seiner Frau Marie-Louise am 31. Oktober 1811 in Xanten auf der Durchreise zu Besuch. Bei dieser Gelegenheit nahmen die kaiserlichen Hoheiten eine kleine Mahlzeit im „Niederrheinischer Hof" ein. Der Obelisk vor dem Westwerk des Domes zeugt bis heute von seiner kurzen Anwesenheit in der alten Römerstadt.

Erst nach 19 Jahren, im Januar 1814, zogen die französischen Soldaten aus Xanten wieder ab. Am 10. Januar kam es auch im „Niederrheinischer Hof" zu Plünderungen durch vorbeiziehende Kosaken. Nachfolgend wurden preußische Soldaten und Offiziere im Hotel einquartiert. Am 15. April 1815 fiel auch Xanten, als Folge des „Wiener Kongress", endgültig zurück an das Königreich Preußen.

2. Zwischen Hotel und „Kuriositätenkabinett"

Wechselvolle Zeiten im 19. Jahrhundert (1815-1892)

1819 Konkurrenz oder Vorbild für den „Niederrheinischer Hof"?
Die Sammlung römischer Altertümer des Notar Houben in der Immunität

„Der Notar Houben ist der einzige gewesen, der in älterer Zeit Xantener Altertümer systematisch gesammelt hat", so schreibt Paul Steiner in einer Darstellung über die frühen Ausgrabungen im römischen Xanten im Jahr 1911.

Diese Aussage können wir heute so nicht mehr gelten lassen. Es ist unzweifelhaft, dass der Notar Phillip Houben kurz vor dem Wiener Kongress in seinem Haus, der ehemaligen „Neuen Propstei", welches nach dem Zweiten Weltkrieg wieder hergestellt wurde, die sicherlich bekannteste und bedeutendste Sammlung römischer Altertümer aus dem ehemaligen Lager Vetera auf dem Fürstenberg und der Römerstadt Colonia Ulpia Traiana aufgebaut hat.

Die ehemalige „Neue Propstei" 1946.

Wie die Forschungen zu diesem Buch ergeben haben, sammelte auch Familie Ingenlath schon zu Beginn des 19. Jahrhunderts ebenfalls Funde und Wertgegenstände aus der römischen Epoche Xantens. Diese Sammlung wird im Jahr 1824 erstmals in einem Büchlein über das römische Xanten erwähnt. Im Jahr 1869 beteiligte sich ein Mitglied der Inhaberfamilie Ingenlath sogar an den ersten Ausgrabungen der römischen Wasserleitung in der Hees. Noch in Werbeanzeigen des frühen 20. Jahrhunderts bewarb sich das Hotel als „Museum römischer Altertümer". Noch heute sind (wenige) Rudimente dieser hoteleigenen

Diese Postkarte zeigt einen Teil der ehemaligen Altertumssammlung, welche von Familie Ingenlath begründet wurde.

Sammlung in der „Bauernstube" erhalten geblieben. Teile hiervon stammen unter anderem aus der ehemaligen Sammlung Houben, deren in Xanten verbliebenen Reste im 20. Jahrhundert vor allem im Klever Tor und bis in die Zeit des Zweiten Weltkriegs im 1945 zerstörten alten Rathaus am Kleinen Markt ausgestellt waren. Heute befinden sich Gegenstände der ehemaligen Sammlung Houben im RömerMuseum des Archäologischen Parks.

Der sprachlich gewandte und humanistisch gebildete Notar Phillip Houben ist seit September 1800 als Steuerkontrolleur in Xanten nachweisbar. Seine ersten Ausgrabungen vor den Stadttoren Xantens sind für das Jahr 1819 belegt. Diese Funde, deren damalige Präsentation mit einer modernen, d. h. wissenschaftlichen Archäologie der Gegenwart nicht vergleichbar ist, bildeten den Grundstock seines so genannten „Antiquariums" in der Immunität. Houben beteiligte sich noch mit 77 Jahren an Ausgrabungen im Xantener Raum. Im Jahr 1848 wurde ihm der Titel „Justizrat" verliehen. Phillip Houben verstarb am 12. August 1855, hochbetagt, in unserer Stadt.

Das „Antiquarium" gehörte bis zum Jahr 1859, in dem bei einem spektakulären Einbruch einige wertvolle Gegenstände entwendet wurden, zu den damaligen

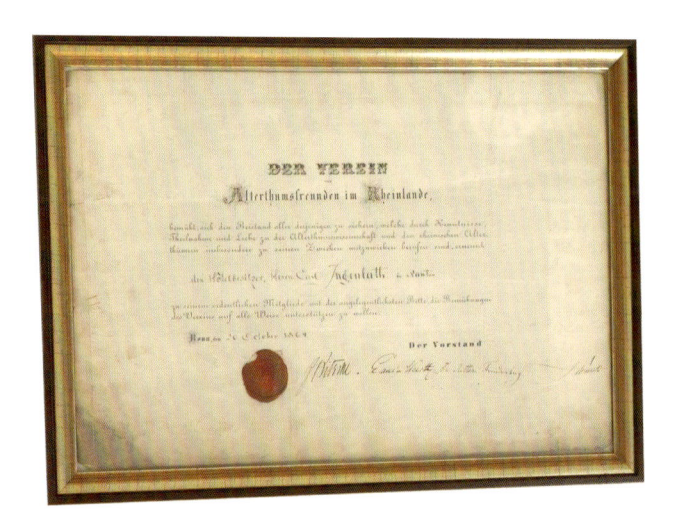

Die Aufnahmeurkunde von Carl Ingenlath in den Verein der „Altertumsfreunde im Rheinland" (1864) zeugt bis heute von der Begeisterung der damaligen Inhaberfamilie für römische Geschichte.

Attraktionen in Xanten. Kaum vorstellbar ist heute, dass dieses „Museum" nach dem Tode Houbens vier Jahre völlig unbewacht und für „zwielichtige" Besucher zugänglich blieb.

Der damalige preußische König Friedrich Wilhelm IV. hat, so die Überlieferung, einige Male die Ausgrabungen im Bereich der „CUT" besucht. Hierbei war der König auch zu Gast im „Niederrheinischer Hof". Dort wurden die Pferde seiner Kutsche gewechselt und er bewunderte, so eine Notiz eines Reisebegleiters, welche im Preußischen Staatsarchiv in Berlin aufbewahrt wird, auch die kleine, aber feine Sammlung der Familie Ingenlath. Besondere Aufmerksamkeit erregte eine römische Gemme, die im Jahr 1840 auch von Friedrich Engels in seinem unter einem Pseudonym verfassten Reisebericht über Xanten beschrieben wurde.

Zu Beginn der 1860er Jahre wurde die Sammlung Houben zu großen Teilen versteigert. Nur kleinere Gegenstände verblieben in Xanten. Auch Familie Ingenlath erwarb einen kleinen Teil der römischen Tongefäße. Die Versteigerung dieses „Restpostens" mit 2.000 Objekten (!) fand am 24. Oktober 1868 im damaligen „Niederrheinischer Hof" statt. Die heute noch erhaltenen römischen Tonobjekte in der „Bauernstube" stammen fast ausschließlich aus dieser Auktion.

Die Reste der ehemaligen Altertumssammlung des „Niederrheinischer Hof" in der „Bauernstube" 2014.

1840 Friedrich Engels schreibt unter einem Pseudonym über das Hotel „Niederrheinischer Hof"

Als im Jahr 1840 ein Artikel des fast 20-jährigen Friedrich Engels unter seinem Pseudonym „Friedrich Oswald" erschien, konnte noch niemand ahnen, dass er später mit seinem Freund Karl Marx (gemeinsame Autoren des Kommunistischen Manifestes), die Weltgeschichte entscheidend prägen und verändern sollte.

Anfang der 1840er Jahre wohnten Engels verwitwete Mutter und seine Schwester im Haus des Onkels in Xanten, der hier zu dieser Zeit Revierförster war. Es ist bekannt, dass Friedrich Engels seine Verwandten in Xanten mehrfach besucht hat.

Friedrich Engels (1820-1895) hatte familiäre Bindungen in Xanten.

In diesem Artikel beschrieb er mit eindrücklichen Worten das damals beschauliche Xanten. Über einen Besuch im „Niederrheinischer Hof" machte er sich beinahe lustig. Die wichtigsten Passagen, die das Hotel betreffen, sollen hier nachfolgend als Zitat in originaler Abschrift wiedergegeben werden: „Erschütternd ging ich weg [aus dem Dom d. V.] und ließ mich zu einem Gasthof, dem einzigen des Städtchens, weisen. Als ich in die Wirtsstube trat, merkte ich, dass ich in Hollands Nachbarschaft sei. Eine seltsam gemischte Ausstellung von Gemälden und Kupferstichen an den Wänden, ins Glas geschnittene Landschaften an den Fenstern, Goldfischen, Pfauenfedern und tropischen Blattgerippen vor dem Spiegel zeigte recht deutlich den Stolz des Wirtes. Dinge zu besitzen, die andere nicht haben. Diese Raritätensucht, die in entschiedener Geschmacklosigkeit sich mit den Produkten der Kunst und Natur, gleichviel ob schön oder hässlich, umgibt und die sich am wohlsten in einem Zimmer befindet, das von solchen Unsinnigkeiten strotzt, das ist die Erbsünde des Holländers. Welch ein Schauder ergriff mich aber erst, als der gute Mann mich in seine so genannte Gemäldesammlung führte! Ein kleines Zimmer, die Wände ringsherum dicht bedeckt von Gemälden geringen Wertes, obwohl er behauptete Shadow habe ein Porträt, welches freilich viel hübscher war, als die übrigen,

Das Hotel „Niederrheinischer Hof Carl Ingenlath" in einer seltenen Ansicht um 1825-1830.

für einen Hans Holbein erklärt. Einige Altarbilder von Jan van Kalkar (einem benachbarten Städtchen) hatten lebhaftes Kolorit und würden dem Kenner interessanter gewesen sein. Aber wie war dieses Zimmer sonst noch dekoriert? Palmenblätter, Korallenzweige und dergleichen ragten aus jeder Ecke hervor, ausgestopfte Eidechsen waren überall angebracht, auf dem Ofen standen ein paar von bunten Seemuscheln zusammengesetzte Figuren, wie man sie namentlich in Holland häufig findet; in einer Ecke stand die Büste des Kölners Wallraff und unter ihr hing der mumienhaft ausgedörrte Leichnam einer Katze, die mit einem Vorderfuß einem gemalten Christus am Kreuz gerade ins Gesicht trat. Sollte einer meiner Leser einmal nach Xanten in dies einzige Hotel verschlagen werden, so frage er den gefälligen Wirt nach seiner schönen antiken Gemme, er besitzt eine wunderschöne, in einem Opal geschnittene Diana, die mehr wert ist als seine Gemäldesammlung".

Die älteste erhaltene Postkarte aus den 1890er Jahren zeigt einen Teil des damaligen „Museums", das Friedrich Engels einige Jahrzehnte zuvor so treffend beschrieben hat.

Friedrich Engels hat also das Hotel „Niederrheinischer Hof" noch in dem Zustand gesehen, wie es die Gründer und ihre Nachkommen gestaltet und bewahrt hatten. Seine Schilderungen belegen, dass sich seit dem Ende des 18. Jahrhunderts

Der Xantener Dom in einer historischen Ansicht.

in den Räumlichkeiten kaum etwas verändert hatte. Ein solches „Kuriositätenkabinett" war am Ende der ersten Hälfte des 19. Jahrhunderts, wie Friedrich Engels richtig bemerkt, nicht mehr zeitgemäß.

Es ist nicht bekannt, ob dieser Bericht zu drastischen Einbußen bei den Gästezahlen geführt hat. Da zu dieser Zeit das Hotel noch das einzige in Xanten war und traditionell an der wichtigen Straße von Köln nach Kleve lag, ist dies nicht anzunehmen.

Insgesamt hat Friedrich Engels eine einzigartige Quelle für den Zustand des Hauses im 19. Jahrhundert hinterlassen. Interessant ist auch, dass nach seinen Schilderungen der berühmte Bildhauer Conrad von Shadow, der unter anderem die Quadriga auf dem Brandenburger Tor in Berlin geschafften hat, Gast im Stammhaus gewesen sein soll.

1855 Aloys Henninger berichtet über den Garten des Stammhauses

Ein Reisebericht über das Rheinland von Aloys Henninger (1814-1862), erneut publiziert von Wilhelm Müllers 1975, enthält eine anschauliche Schilderung des Hotelgartens im rückwärtigen Bereich des „Niederrheinischer Hof Ingenlath".

Ein sehr seltenes Bild zeigt den Garten des alten Stammhauses mit der Sphinx zu Beginn der 1930er Jahre.

Helmut Sommer, nach dem Krieg Küster im Dom und Pionier der Nachtwächterführungen in Xanten, reitet im Hotelgarten des Stammhauses auf der Spinx (um 1939).

Henninger, welcher auch der „Taunide" genannt wurde, hat vor allem Landschaftsbeschreibungen ausgewählter Orte im heutigen Hessen verfasst. Aufgrund seiner liberalen Einstellung wurde er aus dem Schuldienst entfernt. Später arbeitete er vor allem als Journalist bei „Der Taunusbote".

Henniger berichtet über den Garten des Stammhauses folgendes: „Unter denselben verdient insbesondere der Garten des Gastwirths Ingenlath der Erwähnung, welcher inmitten duftiger Blumen der Jahreszeit ein merkwürdiges Alterthum bewahrt, eine ziemlich unversehrte Sphinx, die, im römischen Amphitheater von Birten gefunden, besonders die Aufmerksamkeit der

Heute ist nur der Anfang 1945 beschädigte Kopf der Sphinx erhalten. Der Rest ist verschollen.

Alterthumskenner fesselt und schon öfter im Bilde wieder gegeben wurde. Durch Querbänder über den Kopf gehalten, wallt das Haar dieses fabelhaften weiblichen Wesens lockenartig über seinen Nacken hinab und erinnert, wulstförmig an den Schläfen aufgewunden, merkwürdig genug, an die modernste Frisur unserer Frauen, während ein anderer Theil über die Schulter und Brust in langen Zöpfen herabhängt, die, zierlich geflochten, dort mit einer Schleife gebunden wird. Die über den Löwenrücken der Sphinx geworfene Decke, sowie die pallienartig um ihren Hals und Busen geschlagenen Kragen, dessen beide Vorderzipfel in Quasten enden, tragen reiches Blumenwerk und künstliche Arbeit zur Schau."

1877 Der weltberühmte Komponist Engelbert Humperdinck und „die Xantener Spießbürger" im Hotel „Niederrheinischer Hof"

15. März 1955 – ein Eintrag im Gästebuch, welcher an einen weltberühmten Komponisten erinnert: Senta Josten-Humperdinck, die Tochter von Engelbert Humperdinck, der mit „Hänsel und Gretel" die neben der Zauberflöte erfolgreichste und am meisten aufgeführte Oper der Musikgeschichte geschrieben hat, berichtet über die Zeit ihres Vaters in Xanten: „Als Tochter Engelbert Humperdincks und als Enkelin des Xantener Seminardirektors Gustav Humperdinck freue ich mich [...] im „Hotel van Bebber" so freundlich empfangen worden zu sein. Mein Mann und ich hoffen, nicht das letzte Mal hier geweilt zu haben".

Der Komponist von „Hänsel und Gretel", Engelbert Humperdinck (um 1895).

Auch im Hotel „Niederrheinischer Hof" konzertierte Engelbert, meistens zusammen mit seinem Bruder Max und befreundeten Xantener Bürgern, vor allem Kammermusik und stellte auch eigene Werke vor.

Handschriftlicher Eintrag von Senta Josten-Humperdinck im Gästebuch (1954).

Im heutigen Rathaus befand sich zwischen 1877 und 1918 das preußische Lehrerinnenseminar. Hier wohnte und arbeitete einige Jahre auch der Komponist Engelbert Humperdinck.

Bis heute ist ein Bild aus den frühen 1880er Jahren, das aus dem Besitz von Fritz Evers stammt und im Jahr 1955 Familie van Bebber als Geschenk überreicht wurde, im Besitz der Inhaber. Er hatte den Komponisten und seine Familie noch persönlich gekannt. 1955 war Evers bereits über 90 Jahre alt. Die seltene Fotografie, welche zu den ältesten Xantens gehört, schenkte er Familie van Bebber anlässlich des Besuches der Humperdinck-Tochter, die einen vielbeachteten Vortrag im „Hotel van Bebber" hielt. Zudem gehört es zu den ältesten Fotografien von Musikern im ganzen Rheinland.

Der familiäre Mittelpunkt der Familie Humperdinck in Xanten war lange Zeit eine Dienstwohnung im heutigen Rathaus, in dem im Jahr 1877 das königlich-preußische Lehrerinnenseminar eröffnet wurde und von Gustav Humperdinck, dem Vater Engelberts, geleitet wurde. Der in Xanten lange angefeindete Leiter des staatlichen Bildungsinstituts hat im „Niederrheinischer Hof", so kann man aus seinen Briefen ablesen, wiederholt Vorträge für die Mitglieder des damals noch sehr jungen Altertumsvereins gehalten. Sehr erfolgreich war unter anderem ein Abend über eine ausführliche Italienreise der Familie Humperdinck, wobei Gustav Humperdinck besonders auf die römischen Altertümer in Rom einging.

Der Komponist Engelbert Humperdinck lebte, wenn er nicht auswärts studierte oder auf Bildungsreisen war, zwischen 1877 und 1884 wiederholt für eine längere Zeit in Xanten und hat auch so manchen Wein im Hotel an der Klever Straße getrunken. In einer seltenen biographischen Aufzeichnung seines Schülers Otto Besch, welche im Jahr 1914 unter Mitwirkung des Komponisten verfasst wurde und für dieses Buch freundlicherweise von Familie Humperdinck zur Verfügung gestellt wurde, findet sich eine eindrucksvolle Schilderung mancher feuchtfröhlicher Abende:

„In jenen Monaten war er oft mit seinem Freund, dem Cellisten van der Straeten, zusammen, den er während seiner Kölner Studienzeit kennen gelernt hatte. Des Abends saßen sie oft in einer altertümlichen Kneipe zusammen, meist alleine in der Ecke, abgetrennt von den Spießbürgern des Städtchens, über Musik, Literatur und Tagesbegebenheiten plaudernd. […] Jene Abendunterhaltungen in der kleinen Gaststube des Xantener Hotels Niederrheinischer Hof dehnten sich oft recht sehr in die Länge. Der Uhrzeiger rückte mächtig vor, und die Müdigkeit kam ganz sacht herangeschlichen. Dann schloss Humperdinck zeitweise seine Augen, öffnete sie aber, wenn sein Freund ihn ansah, was er sogleich fühlte, auch

Der Vater des Komponisten hielt Vorträge im Hotel.

wenn jener kein Wort dabei sprach. Während eines musikalischen Gesprächs äußerte sich van der Straeten einst, er liebe Mendelssohn nicht, der ihm zu tränenreich sei. Der Ausdruck imponierte Humperdinck sehr und veranlasste ihn zu folgendem kleinen Scherz: Er komponierte damals [in Xanten d. V.] an einer Ouvertüre. Eines Tages überreichte er van den Straeten in der besagten Gaststube eine Notenrolle, die, wie er versicherte, eine Violinstimme der Ouvertüre enthalte. […] Als van Straeten die Rolle öffnete, fand er ein Albumblatt für Cello und Klavier mit der Aufschrift „Elegie, zum tränenreichen Andenken in aller Freundschaft zugesteckt von E. Humperdinck. Xanten, 9.11.1880".

Somit kann das heutige „Hotel van Bebber" sich rühmen, mit einer Komposition des weltberühmten Komponisten von „Hänsel und Gretel" direkt in Verbindung gebracht zu werden. Sie wurde im Oktober 2009 erstmals von Christian Ubber und Ursula Keusen-Nickel in Siegburg auf CD eingespielt. Eine Wiederaufführung im „Hotel van Bebber" ist für 2015 geplant.

In der Kleinstadt am Niederrhein entstanden einige weitere Frühwerke, die Humperdinck später unter anderem zu großen Orchesterwerken umgearbeitet hat sowie zahlreiche Lieder und auch Kammermusik. Einige hiervon wurden im Hotel „Niederrheinischer Hof", so verraten seine Tagebuch-Aufzeichnungen, uraufgeführt oder „nur" gespielt. Bei Spaziergängen in der Hees, im Latzenbusch bei Veen oder auch in der Beek sammelte Humperdinck wertvolle Natureindrücke, die Jahre später auch in den musikalischen Naturschilderungen bei „Hänsel und Gretel" verarbeitet wurden. Bis heute sind nach dem weltberühmten Komponisten in Xanten eine Straße und ein Förderzentrum benannt. Eine Humperdinck-Gesellschaft, die sich dem Erbe des Komponisten verpflichtet fühlt und im „Hotel van Bebber" an historischer Stätte seine Veranstaltungen und Konzerte durchführen wird, befindet sich in Gründung.

3. Der Beginn einer langen Ära

Familie van Bebber übernimmt (1892-1914)

Über die Inhaberverhältnisse zwischen 1800 und 1890 sind wir leider aufgrund fehlender Quellen nur sehr schlecht bis gar nicht informiert. Es ist zu vermuten, dass unser Hotel bis in die 1870er Jahre noch im Besitz von Familie Ingenlath war. Am Ende des 19. Jahrhunderts hatte der „Niederrheinischer Hof" als Hotel in Xanten schon länger sein Alleinstellungsmerkmal verloren: Unter anderem konkurrierte man mittlerweile mit dem Hotel Hövelmann und dem Gasthof Scholten.

Peter van Bebber Senior übernahm das Hotel im Jahr 1892.

Im Herbst 1892 begann eine neue und erfolgreiche Ära an der Klever Straße: Peter und Sofie van Bebber erwarben das Traditionshaus für eine damals stattliche Summe von 20.000 Mark. Zu dieser Zeit besaß das Haus bereits den ersten Telefonanschluss in Xanten mit der Durchwahlnummer „1". Ein Jahr später, 1893, wurde auch in Xanten die mitteleuropäische Zeitrechnung eingeführt. 1897 wurde das Haus an das elektrische Stromnetz angeschlossen. Der frühere Inhaber des Hotels, ein Herr Hütgen, der kurz vor der Jahrhundertwende an Peter van Bebber verkaufte, wurde, glaubt man damaligen Zeitungsberichten, geradezu hierzu

Anzeige des „Hotel van Bebber" aus der Anfangszeit nach dem Zukauf.

45

gezwungen: Er hatte einen entscheidenden Fehler – er stammte gebürtig nicht aus Xanten und war nur „tugetrokken Pack", wie man auf Platt hinter seinem Rücken erzählte. Ein Umstand, der bis heute sogar Bürgermeisterkandidaten, die nicht aus unserer Stadt kommen, Probleme bereiten kann ...

Jedenfalls hatte auch Familie Hütgen, wie wir in zeitgenössischen Berichten lesen können, den Namen „Niederrheinischer Hof" Ingenlath" beibehalten. Hier wird eine interessante Parallelität zur Gegenwart deutlich: Auch Familie van Dreveldt, seit nunmehr 25 Jahren Inhaber des Hauses, führen bis heute den nunmehr seit 110 Jahren bekannten und erfolgreichen Namen „van Bebber" weiter. Schon im 19. Jahrhundert akzeptierte man also die Mentalität der Xantener Bevölkerung, lieber alles beim Alten zu belassen, als alte Zöpfe schnell abzuschneiden.

Eine zeitgenössische Anzeige aus dem Jahr 1899, publiziert im damaligen Stadtführer von Xanten, vermerkt vor allem die damaligen Alleinstellungsmerkmale des „Hotel ersten Ranges" und „ältestes Haus am Platze" mit „vorzüglicher Küche" und „elektrischer Beleuchtung". Hier wird das Haus nun als „Niederrheinischer Hof – früher Ingenlath" bezeichnet. Am Ende der Anzeige wird als Besitzer Peter van Bebber genannt.

Die neuen Eisenbahnstrecken von Wesel nach Boxtel (Niederlande) und von Duisburg nach Kleve, welche zu dieser Zeit (letztere 1904) eröffnet wurden, brachten zahlreiche neue Gäste in die alte Römerstadt. In den zeitgenössischen Werbungen wird besonders auf die Nähe zu den beiden Fernverbindungen hingewiesen. Zum Hotelbetrieb gehörte, wahrscheinlich schon seit dem späten 18. Jahrhundert, eine eigene „Hauderei". Eine Hauderei ist ein Transportunternehmen, dessen Fuhrpark in früheren Zeiten aus mehreren Kutschen bestand.

Diese hoteleigenen Pferdedroschken bzw. -kutschen sorgten zur Jahrhundertwende für eine komfortable Anbindung des Hotels an die lokale Eisenbahn. Später unterhielt man sogar einen eigenen Omnibus, um seine Gäste an den verschiedenen Haltepunkten in Xanten und Umgebung abholen zu können. Dieses Angebot muss es für die damaligen Gäste des „Hotel van Bebber" nicht nur als „erstes Haus am Platze", sondern auch als das modernste Gastgewerbe weit und breit ausgewiesen haben. In einer Anzeige aus dem Jahr 1904

Die Postkarte aus der Zeit um 1900 zeigt auch den hoteleigenen Garten.

wird die bis heute gültige Bezeichnung „Hotel van Bebber" erstmals genannt: „Gehen wir durch das Mitteltor und schreiten 100 Meter weiter durch die Klever Straße, so stehen wie (sic!) vor dem „Hotel van Bebber", („Niederrheinischer Hof"), prächtiger Garten, zwei Kegelbahnen, sehenswerte Sammlung von Altertümern").

Im Duisburger Generalanzeiger ist im Februar 1909 von „Große[n] luftige Logisräume[n], einem schönen alten Garten mit Saal" die Rede. „Für Erholungsbedürftige geeignet". Hiermit sollten vor allem die Großstädter des Ruhrgebietes angesprochen werden, welche sich in der gesunden Xantener Luft erholen sollten. An einen Luftkurort Xanten war damals noch nicht zu denken. Das Mittagessen wurde, wie wir aus weiteren Quellen erfahren, am Mittag um ein Uhr eingenommen. Zudem gab es die Möglichkeit „Speisen à la Carte zu jeder Tageszeit" mit „mäßigen Preisen" einzunehmen. Ein besonderes Merkmal waren die „elektrische Beleuchtung" und die Möglichkeit, Billard zu spielen oder sich auf zwei Kegelbahnen zu messen. „Große Räumlichkeiten zur Aufbewahrung von Automobilen und Fahrrädern" zeugten Anfang des 20. Jahrhunderts von dem modernen Standard des Hotels. Besonders interessant ist die Tatsache, dass das Hotel, „früher Ingenlath", in den Anzeigen nach 1892 weiterhin als „Museum römischer Altertümer" beworben wurde. Kurz vor dem Ersten Weltkrieg war, wie bereits in den Jahrzehnten zuvor, die Präsentation Xantener Geschichte eine Angelegenheit von Privatpersonen. Familie van Bebber knüpfte somit nahtlos an die Tradition der Gründerfamilie Ingenlath an.

Der große „Hotel-Garten", welcher nach dem Zweiten Weltkrieg leider nicht mehr rekonstruiert wurde, sollte den Touristen (ja, die gab es auch schon zu Beginn des 20. Jahrhunderts in Xanten!), sowie Gesellschaften und Vereinen einen „angenehmen Aufenthalt" bieten. Zweifelsohne hat Familie van Bebber das nun gleichnamige Haus zu Beginn des 20. Jahrhunderts in die moderne Zeit geführt. Erst der Beginn des Ersten Weltkrieges beendete schnell und tiefgreifend den stetigen Aufstieg, den das Hotel seit den 1890er Jahren genommen hatte.

4. Zwischen Truppenquartier und Erweiterung

Erster Weltkrieg und die „goldenen" Zwanziger Jahre (1914-1933)

1914-1918 Das Hotel wird im Ersten Weltkrieg Kommandantur und Truppenquartier

Über die Geschichte des „Hotel van Bebber" im Ersten Weltkrieg sind wir, dank einiger Akten im Stadtarchiv Xanten, gut informiert. Mit dem 1. August 1914, dem Beginn der „Urkatastrophe des 20. Jahrhunderts", wie der Erste Weltkrieg übereinstimmend bezeichnet wird, änderte sich auch im „Hotel van Bebber" (fast) alles. Wenige Wochen nach Kriegsbeginn, am 28./29. Oktober 1914 wurde die Rekrutenabteilung des Ersatzbataillons Infanterieregiment 13 nach Xanten verlegt. Xanten ist aber nicht, wie man meinen könnte, eine Garnisonsstadt gewesen.

Dass Geschäftszimmer, d. h. die administrative Verwaltung der Einheit, wurde in das „Hotel van Bebber" verlegt. Darüber hinaus funktionierte die Kommandantur ein kleines Zimmer als Waffenstube sowie einen weiteren Raum als Poststelle um. Zudem gehörte das gesamte Hotel ab Oktober 1914 zu den Xantener Massenquartieren, wo Soldaten unter eher primitiven Umständen untergebracht wurden. Die Stadtspitze organisierte diese Quartierzuteilungen. Zur Standardausstattung, was für einen normalen Hotelgast vor dem Krieg undenkbar gewesen wäre, dienten ein Strohsack und ein Kopfpolster mit Füllung. Zeitweilig war das Haus so überfüllt, so dass einfache Soldaten sogar in der Küche auf dem Boden schlafen mussten. Die höheren Offiziere waren natürlich in den besten Zimmern des Hotels untergebracht. An einen regulären Gästebetrieb war zu dieser Zeit nicht zu denken. Wirtschaftlich geriet die Zeit des Ersten Weltkriegs für Familie van Bebber zum absoluten Desaster: Zwischen November 1915 und August 1918 waren, alleine im Traditionshaus an der Klever Straße, 161 Soldaten untergebracht. Die Kapazität des Hotels betrug vor dem Ersten Weltkrieg, bei Vollbelegung, etwas mehr als 20 Gäste. Die Geschäftsführung des Hauses hatte nicht nur die finanziellen Lasten zu tragen, sondern sollte auch durch die Anwesenheit der zahlreichen Soldaten und Offiziere im Schankraum des Hauses profitieren. So verzichtete man zum Beispiel in den Wintermonaten, nach außen

Eine seltene Postkarte zeigt Soldaten des Ersatzbataillons Infanterieregiment 13 in Xanten zu Beginn des Ersten Weltkriegs.

hin wurde mit dem latenten Kohlenmangel argumentiert, auf das Beheizen der „Fremdenzimmer". Als Folge hielten sich die Truppeneinheiten sehr gerne in der warmen Gaststube auf und frönten eine Zeit lang dort ausgiebig den angebotenen alkoholischen Getränken.

Die Folge dieser „Ausschweifungen" waren dem Militäroberen und der Stadtspitze ein Dorn im Auge: So häuften sich die Beschwerden über Ruhestörungen im und außerhalb des „Hotel van Bebber", sowie über eine – nicht immer gewollte – Gesprächsbereitschaft von Angehörigen der Truppe über militärische Interna mit der Zivilbevölkerung. Auch soll die Anzahl außerehelicher Verhältnisse zwischen den Soldaten und den weiblichen Bürgerinnen und Ehefrauen der Männer, die überwiegend im Felde standen, auch in der Domstadt sprunghaft angestiegen sein. So ist es kein Wunder, dass der Verkauf von Brandwein und anderen Alkoholika aufgrund dieser „zum Teil schwerwiegender Vorfälle", zunehmend, sehr zum Ärger der Familie van Bebber, reglementiert wurde. So durften im Laufe des Krieges Brandwein und Spirituosen nur zwischen 11 Uhr und 19 Uhr sowie an Sonn- und Feiertagen und an den darauffolgenden Werktagen an einfache Soldaten und niedere Offiziere ausgeschenkt werden.

Auf einer Postkarte, welche ein im Hotel einquartierter Soldat im Jahr 1915 an seine Eltern in Minden verfasst hat, beklagte er sich über das ständige „Kartoffelschälen" und das zermürbende Warten auf einen Fronteinsatz. Zudem träumte er von einer Urlaubsfahrt nach Düsseldorf, um der Kleinstadt Xanten zu entgehen.

Obwohl Familie van Bebber, wie auch später im Zweiten Weltkrieg, beste Beziehung zu den örtlichen Landwirten und Jägern pflegte, geriet auch das Traditionshaus an der Klever Straße spätestens im Winter 1916/17, der als „Steckrübenwinter" in die Geschichte eingegangen ist, in eine größere Versorgungsnot mit Lebensmitteln. Es ist aber davon auszugehen, dass im Stammhaus eine gewisse Zeit für das Offizierskorps, wahrscheinlich bis kurz vor Kriegsende, noch höherwertige Lebensmittel, wie z. B. Fleisch, Wild und Kartoffeln, angeboten werden konnten, die zum Beispiel in der Reichshauptstadt Berlin oder auch im benachbarten Ruhrgebiet bereits Mangelware waren.

Die unteren Dienstränge erhielten auch im „van Bebber" ab 1916 vermehrt Produkte aus Steckrüben. Das benachbarte Lazarett in der Immunität (heute Marienschule) wurde eine Zeit lang von der Küche des „van Bebber" versorgt. Sicherlich war – trotz aller Einschränkungen und Probleme – ein Aufenthalt am Niederrhein

Die Klever Straße mit dem Hotel (um 1914).

weit angenehmer als in den Stellungen im Westen. Es muss aber hierbei erwähnt werden, dass das „Hotel van Bebber" im Ersten Weltkrieg vor allem als Aufenthaltsort für die Vorbereitung späterer Fronteinsätze in Belgien und Frankreich diente.

Nach dem Zusammenbruch des Kaiserreiches und der Unterzeichnung des „Versailler Vertrages" in den Jahren 1918 und 1919 wurde auch die alte Siegfriedstadt Xanten wieder einmal, wie so häufig in ihrer Geschichte, von ausländischen Truppen besetzt: Am 1. Mai 1921 marschierten auch in der alten Römerstadt belgische Truppen ein. Es ist davon auszugehen, dass auch zahlreiche Offiziere der Besatzer vorrübergehend im „Hotel van Bebber" einquartiert wurden. Mit dem „Vertrag von Locarno" vom 12. Oktober 1925 endeten auch diese Spätfolgen des Ersten Weltkrieges in Xanten.

1924/25 Das Hotel wird entscheidend erweitert

Aus den frühen 1920er Jahren liegen uns leider nur sehr wenige Quellen vor. Es ist unzweifelhaft, dass das „Hotel van Bebber" auch nach dem Ersten Weltkrieg als erste Adresse der Stadt weithin bekannt und von zahlreichen lokalen Institutionen und Schützenvereinen als Stammlokal genutzt wurde.

Das erweiterte „Hotel van Bebber" Klever Straße 10-12 Mitte der 1920er Jahre.

Zu Beginn der 1920er Jahre war im heutigen Hotelgebäude noch ein Büro der städtischen Sparkasse untergebracht.

Die benachbarte ehemalige Tonhalle in der Bahnhofstraße, deren früherer Festsaal erst kürzlich abgerissen wurde, war für Großveranstaltungen, ähnlich wie das Schützenhaus auf dem Fürstenberg, bereits vor dem Ersten Weltkrieg als weitere „gute Stube" der Stadt errichtet worden.

Anfang der 1920er Jahre bewarb Familie van Bebber das Haus als „besonders geeignet für Geschäftsreisende". Am 27. September 1920 heiratete der Sohn von Peter van Bebber Senior, Albert (geboren 1886), Änne Krümmer, die damals im Gotischen Haus wohnte. Albert van Bebber vereinte, so ein Zeitungsbericht aus dem Jahr 1961, „preußische Tugenden mit rheinischer Fröhlichkeit". Sicherlich keine schlechte Mischung. Zeitzeugen beschreiben ihn als Patriarchen und lebenslustigen Niederrheiner. Im selben Jahr übernahm Albert das Hotel an der Klever Straße von seinem Vater Peter. Der Enkel des Käufers von 1892, Peter van Bebber Junior, welcher das Hotel im Jahr 1987 an Familie van Dreveldt verkaufte, wurde im Januar 1922 als dritte Generation, im alten und heute nicht mehr vorhandenen Stammhaus auf der Klever Straße 14 geboren.

Kurz nach dem Ende der Inflation entschloss sich Familie van Bebber, wahrscheinlich aufgrund der zunehmend begrenzten Kapazität des Stammhauses, eine für die damalige Zeit ungeheure Investition zu tätigen: Mit dem Ankauf des benachbarten

Postkarte „Hotel van Bebber" Anfang der 1930er Jahre.

Albert van Bebber. Foto undatiert (ca. 1930er Jahre).

Gebäudes Klever Straße 12 (heutiges Hotelgebäude) gelang eine entscheidende Erweiterung: Nach einem Umbau standen nicht nur weitere Gästezimmer, sondern auch mit dem heutigen „Fürstenzimmer" (im 18. Jahrhundert der Salon der Familie Schleß) weitere Räume im Erdgeschoss des ehemaligen Packhauses zur Verfügung. Der Umbau mit einem Durchbruch zum Stammhaus wurde im Jahr 1925 abgeschlossen.

Die so genannten „Goldenen Zwanziger Jahre" boten auch für das neue „Hotel van Bebber", welches nun aus zwei miteinander verbundenen Häusern bestand, ein ideales Umfeld für eine wirtschaftliche Prosperität, die erst in der Endphase des Zweiten Weltkriegs ein jähes Ende finden sollte.

Aus den 1920er Jahren haben sich einige Postkarten mit Innen- und Außenaufnahmen erhalten, die damals in großer Auflage an die Hotelgäste verkauft und ausgegeben wurden. Familie van Bebber bezog nach dem Umbau im zugekauften Gebäude Klever Straße 12 in der ersten Etage eine moderne neue Wohnung. Diese Räumlichkeiten wurden nach dem Zweiten Weltkrieg als Hotelzimmer ausgebaut. Ein zeitgenössisches Foto, kurz vor dem Zukauf entstanden, belegt, dass im heutigen Hotelgebäude nach dem Ersten Weltkrieg Büroräume der städtischen Sparkasse untergebracht waren.

Ende der 1920er Jahre tagten im Hotel zahlreiche kommunale Vereine und Vereinigungen, politische Ortsverbände und konfessionelle Gruppierungen. Auch die erstarkende NSDAP sowie der nationalkonservative Stahlhelm fanden an der Klever Straße eine Heimat. Wie auch schon im 19. Jahrhundert gab es im Hotel Maskenbälle, Tanzveranstaltungen, Chor- und Kammerkonzerte. Die Zwischenkriegszeit gehört ohne Zweifel zu den großen Epochen des Xantener Traditionshauses. Trotzdem speisten zu dieser Zeit noch alle Gäste, wie seit Jahrhunderten üblich, an einer gemeinsamen Tafel. Die Hotelgäste und die „Laufkundschaft" des Restaurants wurden hierbei „wild gemischt". Zum Mittagsessen gab es nur ein Menü und für jeden Gast eine halbe (!) Flasche Wein – zum Einheitspreis von zwei Mark. Während der Inflation zu Beginn der 1920er Jahre mussten auch schon mal mehrere Billionen Mark für ein Essen gezahlt werden. Die schwere Zeit der Weltwirtschaftskrise und Massenarbeitslosigkeit scheint das Haus und Restaurant, wahrscheinlich aufgrund der Tatsache, dass hier zwischen 1929 und 1933 zahlreiche politische Veranstaltungen stattgefunden haben, einigermaßen gut überstanden zu haben.

5. „Braune Zeiten"

Nationalsozialismus und Zweiter Weltkrieg (1933-1945)

1933/36 Zeiten der „Gleichschaltung" – Ein Eintopfessen gerät zum Skandal

Die zeitgenössische Postkarte zeigt im alten Stammhaus auch den Reichsadler mit Hakenkreuz (um 1935).

Über die Zeit zwischen 1933 und 1940 sind wir, was Gäste, Veranstaltungen etc. im Hotel betrifft, kaum informiert. Das älteste erhaltene Gästebuch des Hauses, welches die vollständige Zerstörung des Stammhauses im Februar 1945 überdauert hat, stammt aus dem Jahr 1940. Wie wir anhand einer kürzlich aufgefundenen Postkarte aus den 1930er Jahren feststellen können, hatte die Inhaberfamilie anscheinend (auch) Sympathien für den Nationalsozialismus: Auf einer Aufnahme aus den späten 1930er Jahren ist in einem Saal des Stammhauses deutlich ein Wappen der Nationalsozialisten über einer Türe zu sehen. Inwieweit dies der Rolle des „van Bebber" als einer der guten Stuben der Stadt, welche zu dieser Zeit besonders für NS-Organisationen bei Veran-

Hauspostkarte nach 1933.

staltungen genutzt wurde, geschuldet war, muss offen bleiben. Im Januar 1933, wenige Tage vor der Machtübernahme der Nationalsozialisten, beging die Xantener Ortsgruppe des deutschnationalen „Stahlhelm – Bund der Frontsoldaten" im Hotel eine große Versammlung mit Tanz und Verköstigung. Hierbei soll es zu Verwüstungen infolge von betrunkenen Teilnehmern und zu einer Massenschlägerei gekommen sein.

Ein Jahr später, am 10. Juni 1934, wurde in Xanten eine katholische Jugendkundgebung mit bis zu 8.000 Teilnehmern durchgeführt. Bedenkt man, dass die Gleichschaltung im vollen Gange war, ist das sicherlich eine stolze Zahl. Das Mittagessen, an dem auch der damalige Propst Köster teilnahm, fand ebenfalls im Restaurant van Bebber statt. Zwei Jahre später war anlässlich der Einweihung der neuen Krypta unter dem Xantener Dom der als „Löwe von Münster" bekannt gewordene Bischof Clemens August Graf von Galen im Haus zu Besuch.

Auch bei einem Mittagessen – es wurde Eintopf gereicht –, das im Februar 1936 im Restaurant des Stammhauses nach der Weihe der Krypta stattfand, soll er sich gegenüber dem nationalsozialistischen Regime kritisch geäußert haben. Diese Zusammenkunft geriet in Xanten zum Skandal: Unter den Gästen waren katholische Gläubige, Denkmalpfleger, aber keine führenden Vertreter der Stadt und der Partei. Sie wurden schlichtweg nicht eingeladen. Die Wogen schlugen hoch. Der damalige Dompropst Köster argumentierte, dass er von der Kanzel aus jeden Gläubigen eingeladen hätte, auf „eigene Kosten" am Essen teilzunehmen.

Der nationalsozialistische Bürgermeister Schöneborn beschwerte sich hierzu schriftlich. Die Konflikte zwischen den lokalen Nationalsozialisten, dem Bischof von Münster und dem Xantener Dompropst sollen später sogar auf dem Schreibtisch des Propagandaministers Goebbels in Berlin gelandet sein. Somit geriet ein schlichtes Eintopfessen im „Hotel van Bebber" zu einem weithin beachteten Skandal, der in der lokalen Presse eingehend und einseitig thematisiert wurde.

Inwieweit Familie van Bebber sich hierbei „Pro oder Contra" verhalten hat, ist leider nicht mehr nachvollziehbar. Alleine die Tatsache, dass man den katholischen Geistlichen und dem damals schon kritisch beurteilten Bischof von Münster eine Reservierung für ein Mittagessen einräumte, zeigt, dass man sicherlich nicht ganz auf der Seite der Machthaber des „Dritten Reiches" stand. Trotzdem muss

Eine nationalsozialistische Veranstaltung des Bauernverbandes vor dem alten Stammhaus (um 1935).

man die angesprochene historische Postkarte aus dieser Zeit, wo ein Hakenkreuz über einer Türe des Speisezimmers im Stammhaus zu sehen ist, an dieser Stelle erwähnen.

Der spätere Kardinal von Galen gehörte jedenfalls zu den gerne gesehenen Gästen des Hauses. Zweifelsohne zählt er zu den prominentesten Vertretern des kirchlichen Widerstandes. So setzte er sich zu Beginn der 1940er Jahre vor allem in seinen berühmt gewordenen Predigten im Dom zu Münster für den Schutz von behinderten Menschen ein, die durch das Regime im so genannten „Euthanasieprogramm" verfolgt, sterilisiert und ermordet wurden. Im Januar 1946, wenige Wochen vor seinem Tod, nahm er im „Hotel van Bebber" an einer historischen Sitzung des Dombauvereins teil. Hierbei wurde unter anderem der Wiederaufbau des kriegszerstörten Domes beschlossen.

1940 Das erste Gästebuch erzählt von Truppeneinquartierungen und einem prominenten Heerführer

Das etwas zerknitterte Foto des Generalfeldmarschalls Walther von Brauchitsch stellt das älteste erhaltene Bildnis in den Gästebüchern des „van Bebber" dar.

Wie bereits erwähnt, stammt das erste erhaltene Gästebuch aus dem Jahr 1940. Es trägt auf vielen Seiten noch zahlreiche Brandspuren aus den letzten Kriegstagen. Es konnte von Familie van Bebber aus den Trümmern des Stammhauses gerettet werden.

Auch zu Beginn des Zweiten Weltkrieges wurde das Haus, wie bereits im Ersten Weltkrieg, zum Truppen- und vor allem Offiziersquartier. Durch die rückwärtige Lage zum „Westwall" und zur „Westfront" eigneten sich das Traditionshotel, aber auch die „stille Stadt Xanten" und der gesamte Niederrhein besonders als Einquartierungs- und Aufstellungsregion für

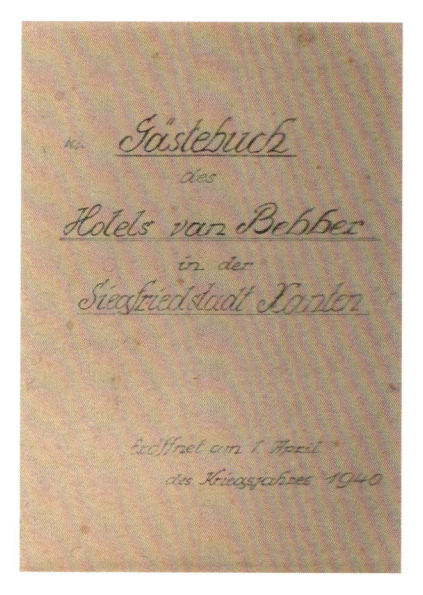

Titelinnenseite des ältesten erhaltenen Gästebuches aus dem Jahr 1940.

Einheiten der Deutschen Wehrmacht, die 1940 an den Operationen gegen die Niederlande, Belgien und Frankreich teilnahmen.

Zahlreiche Verbände, wie zum Beispiel ein Teil des berühmten „Geschwader Udet", das auf der Bönninghardt stationiert war und zahlreiche Offiziere aus Wien aufwies, bezogen im Stammhaus Quartier.

Wer konnte zu dieser Zeit schon ahnen, dass auch die „Siegfriedstadt" nur fünf Jahre später fast vollständig dem Erdboden gleich gemacht werden würde? Es ist zu vermuten, dass die Mehrheit der Offiziere und Soldaten, die zu Beginn des Krieges an der Klever Straße einquartiert waren, diesen nicht überlebt haben.

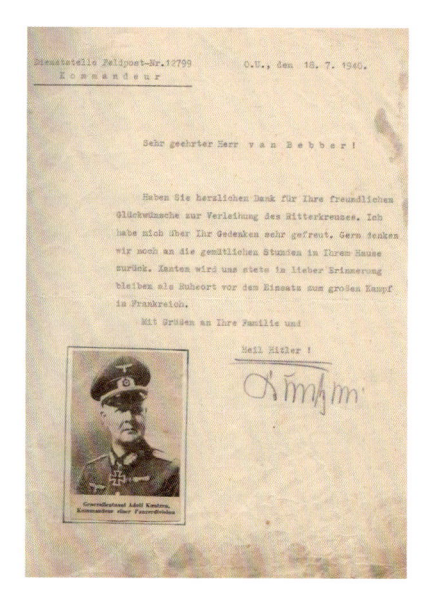

Zeitzeugen berichten, dass, wie bereits zwischen 1914-1918, der Weinkeller des „van Bebber" und die gute Versorgung mit Speisen das Hotel zu Beginn des Zweiten Weltkriegs zu einem der beliebtesten Orte in Xanten machten. Die Gesänge der Soldaten und Offiziere, die sich an der Klever Straße bis zu Ihrem Fronteinsatz verwöhnen und es sich gut gehen ließen, waren teilweise bis zum

Dankesschreiben eines Ritterkreuzträgers an Albert van Bebber aus der Zeit der „Blitzsiege" (1940).

Dom zu hören. Besonders beliebt war der Soldatenschlager „Erika", welcher, so ein Zeitzeuge, auf dem alten Klavier des Hauses fast täglich intoniert wurde. Auch diesmal blieben Beschwerden von Anwohnern und Nachbarn nicht aus.

Der prominenteste Offizier bzw. Heerführer, welcher im Jahr 1940 im „Hotel van Bebber" Quartier nahm, ist sicherlich der Generalfeldmarschall und damalige Oberbefehlshaber des Heeres, Walther von Brauchitsch (1881-1948). Gemeinsam mit Franz Halder leitete er seit dem 1. September 1939 den so genannten „Polenfeldzug". Nach dem Abschluss dieser Operation wurde er nach Xanten versetzt.

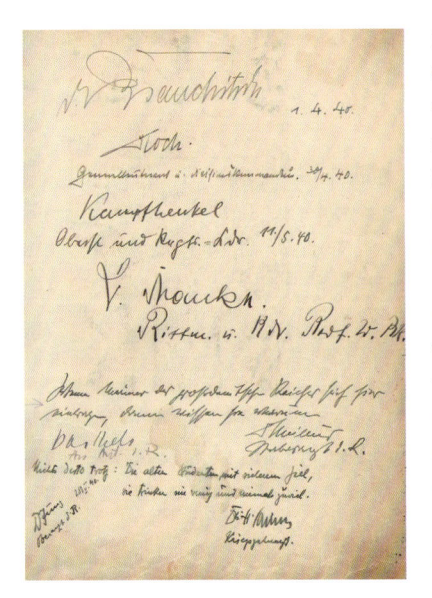

Gästebucheintrag von Walther von Brauchitsch (1940).

Es ist heute bekannt, dass von Brauchitsch bereits vor dem Beginn des Zweiten Weltkrieges an einer damals unentdeckt gebliebenen Verschwörung gegen Hitler beteiligt war. Trotzdem stellte er sich, obwohl er mehrfach um seinen Abschied gebeten hatte, weiterhin in den Dienst der Wehrmacht. Sein Aufenthalt im „Hotel van Bebber" fand in Vorbereitung des Westfeldzugs gegen Frankreich statt, welcher am 10. April 1940 begann.

Am 1. April 1940 trug er sich als erster Gast überhaupt in das neue Gästebuch des Hauses ein. Wenige Wochen zuvor hatte er noch versucht, einen Angriff auf Frankreich zu verhindern. Er erwog sogar eine Verhaftung Hitlers, da er diesen Angriff auf den alten „Erbfeind" militärisch (!) für nicht durchführbar hielt. Etwa zu der Zeit, wo sich von Brauchitsch im Hotel an der Klever Straße aufhielt, brach er jedoch den Kontakt zum militärischen Widerstand um Franz Halder ab. Am 19. Juli 1940 wurde von Brauchitsch zum Generalfeldmarschall ernannt. Infolge der Niederlage der Wehrmacht vor Moskau während des Russlandfeldzuges im Winter 1941/1942, berief man ihn ab. Hitler persönlich übernahm nun den Oberbefehl über das Heer. Von Brauchitsch wurde bis Kriegsende nicht mehr eingesetzt und zog sich auf sein Schloss in Böhmen zurück. Bis heute ist seine Rolle während des Dritten Reiches umstritten.

Die zahlreichen Abbildungen, die ausgewählte Einträge der damaligen Truppeneinheiten dokumentieren sollen, sprechen für sich und stellen insgesamt wichtige Quellen für die Xantener Stadtgeschichte zu Beginn des Krieges dar.

1941 Namhafte UFA-Stars im „Hotel van Bebber" – „Zwischen Himmel und Erde" zeigte das alte Xanten

Noch heute erinnern Fotos der Schauspieler und von den Dreharbeiten in der „Bauernstube" an den Aufenthalt namhafter UFA-Stars im Mai 1941 in Xanten. Auch im damaligen Gästebuch finden sich die Unterschriften der bekannten Schauspieler Werner Krauß, Gisela Uhlen, Elisabeth Flickenschild und Paul Henkels. Werner Krauß war zu dieser Zeit stellvertretender Leiter der Reichstheaterkammer und, von Goebbels protegiert, ein wichtiges Aushängeschild des Regimes. Zudem hatte er ein Jahr zuvor in dem berüchtigten Hetz- und Propagandafilm „Jud Süß" mitgespielt. Gisela Uhlen und Elisabeth Flickenschild waren

Das offizielle Programmheft von „Zwischen Himmel und Erde" 1942.

Autogrammkarte von Gisela Uhlen aus den 1980er Jahren.

auch nach dem Zweiten Weltkrieg populäre Schauspielerinnen.

Der Film „Zwischen Himmel und Erde" stellt für die Xantener Stadtgeschichte ein einzigartiges Zeugnis dar: Er zeigt in vielen Einstellungen das in den letzten Kriegsmonaten fast zu 80 Prozent zerstörte alte Stadtbild. Die Handlung des Filmes wurde in die Zeit des deutsch-französischen Krieges 1870/71 verlegt. Im Mittelpunkt steht die melodramatische Geschichte der beiden Dachdecker Matthias und Appolonius. Als Vorbild für das Drehbuch diente ein damals bekannter Roman von Otto Ludwig. Betrachtet man heute den Film, so wird deutlich, dass hier vor allem die preußischen Tugenden wie Ehre, Treue, Pflichtbewusstsein und Vaterlandsliebe propagiert werden. Der Spielfilm wurde im März 1942 uraufgeführt und hatte nur einen vergleichsweise mäßigen Erfolg.

Der renommierte Regisseur Harald Braun, der zwei Jahre später auch den Spielfilm „Träumerei" in Xanten drehte und bei einem Besuch im Jahr 1960 im Hotel Hövelmann verstarb, minimierte mit den umfangreichen Außenaufnahmen in der Siegfriedstadt erheblich seine Produktionskosten. Der Dombauverein erhielt eine Geldspende von 2.000 Reichsmark als „Miete" für die Drehtage im Dom.

Das idyllische Xanten des Jahres 1941 bot das Bild einer friedlichen und noch unzerstörten Kleinstadt des 19. Jahrhunderts. Zahlreiche Bürger der Stadt unterstützten die Dreharbeiten als Komparsen. Das gesamte UFA-Team war im „Hotel van Bebber" untergebracht, wo sich die Schauspieler aufgrund der „schönen und ruhigen Zimmer" und der „guten Restauration" sehr wohl fühlten. Sicherlich gab es in diesem Niederrheinischen Traditionshaus im Mai 1941 auch noch Lebensmittel und Speisen, die aufgrund der Kriegsbeschränkungen in Potsdam und Berlin nicht mehr erhältlich waren. Die Dreharbeiten dauerten zehn Tage.

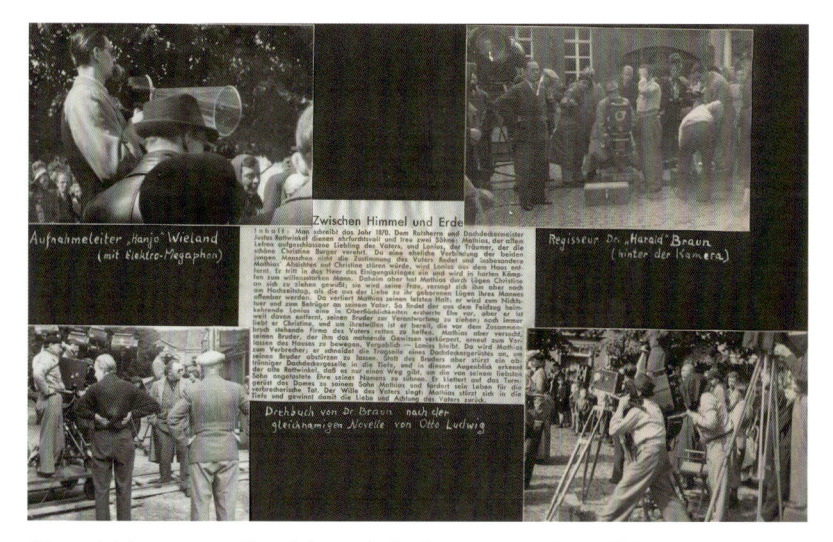

Diese bisher unveröffentlichten Aufnahmen aus einem Privatalbum zeigen Szenen der Dreharbeiten (1941).

Bei den Recherchen zu diesem Buch konnten bislang unbekannte Fotos der Drehaufnahmen aufgefunden werden, wovon hier einige das erste Mal überhaupt publiziert werden.

Der Film „Zwischen Himmel und Erde", dessen Rechte die Murnau-Stiftung hält, wurde nach dem Krieg zwei Mal in einer gekürzten Fassung in Xanten aufgeführt – 1956 und 2003. Die Dreharbeiten im Mai 1941 begründeten eine regelrechte Tradition: Wie wir sehen werden, wurden, auch nach dem Zweiten Weltkrieg, zahlreiche weitere bekannte Spielfilme in Xanten gedreht. Viele Darsteller dieser Produktionen logierten ebenfalls im Hotel an der Klever Straße.

1942 Die bekannten Xantener Künstler Emil und Carl Barth und ihre künstlerische Würdigung des Hauses

Der in Xanten bis heute unvergessene Dichter Emil Barth (1900-1958) und sein Bruder Carl (1896-1976), haben im Laufe eines feuchtfröhlichen Abends im August 1942 als Gast des „Hotel van Bebber" zwei unbekannte Werke im Gästebuch hinterlassen:

„Andenken"

„Verborgene Kammern unter Korn und Mohn
Aufwirft der Plug unter verschollenen Zeiten Scherben:
Den Krug, die Lampe aus gebranntem Ton,
das Salbglas in opalenem Ersterben.
Ein Tropfen Oels schwärzt noch den Leuchtermund
Aus jener Stunde, da der Docht verrauchte;
Erinnerung weist noch auf des Glases Grund,
worein die Schöne ihre Finger tauchte.
Der ganze Sommer riecht nach ihrem Haar.
Die Aere wirft der Wimper süßen Schatten,
Es glüht im Mohn der roten Lippen Paar
Von Küssen, wie sie einst beseligt hatten.
Und an des Pfades Kehre, wo gebeugt
Die Silberweide sich in der Luft verschwistert
Erglänzt ein Lächeln, seelenhaft gezeugt
Vom Geiste des Bodens, der die Laube flüstert."

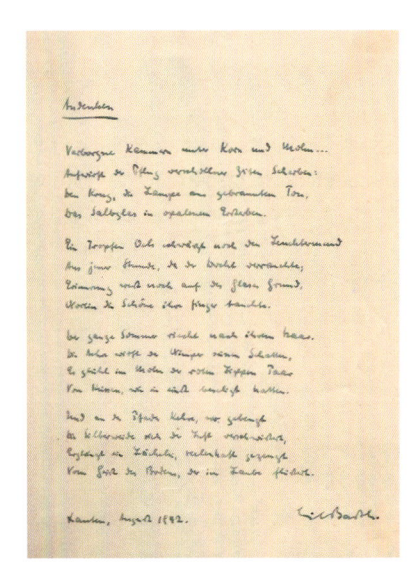

Xanten, August 1942 Emil Barth

Handschriftlicher Eintrag „Andenken" im Gästebuch.

Emil Barth spricht in diesem Gedicht nicht nur das aktuelle „Andenken" an einen schönen Abend im heutigen „Fürstenzimmer" an – er meint den Titel des Gedichtes doppeldeutig: Das Andenken an die römische Geschichte Xantens, das die aus „verschollenen Zeiten Scherben" (gemeint sind die Zeugnisse aus der Altertumssammlung, die aus der Zeit der Familie Ingenlath stammten), ist ihm hierbei genauso wichtig. Beides gehört für ihn zusammen. Interessant ist bei diesem Gedicht, dass Emil Barth eine Lyrikform wählt, die während des Nationalsozialismus sicherlich nicht als modern und regimekonform galt. Die geschickte Einbettung der nationalsozialistischen

```
    A N D E N K E N .

Verborgne Kammern unter Korn und Mohn....
Aufwirft der Pflug verschollner Zeiten Scherben:
den Krug, die Lampe aus gebranntem Ton,
das Salbglas in opalenem Ersterben.

Ein Tropfen Oels schwärzt noch den Leuchtermund
aus jener Stunde, da der Docht verrauchte;
Erinnrung west noch auf des Glases Grund,
worein die Schöne ihre Finger tauchte.

Der ganze Sommer riecht nach ihrem Haar.
Die Aehre wirft der Wimper süssen Schatten,
es glüht im Mohn der roten Lippen Paar
von Küssen,wie sie einst beseligt hatten.

Und an des Pfades Kehre,wo gebaeugt
die Silberweide sich der Luft verschwistert,
erglänzt ein Lächeln,seelenhaft gezeugt
vom Geist des Bodens,der im Laube flüstert.

Xanten,August 1942              Emil Barth.
```

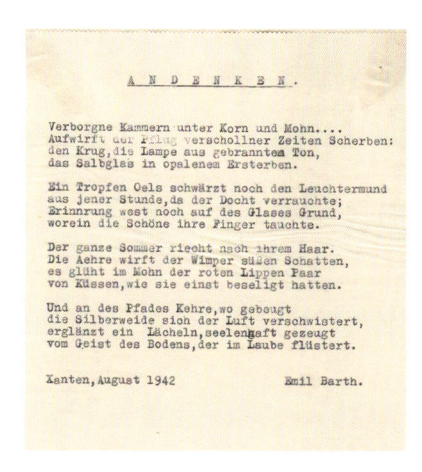

Maschinenschriftliche Abschrift „Andenken" im Gästebuch (August 1942).

Schlüsselwörter „Geist des Bodens" („Blut und Boden"-Ideologie") bewahrten diesen Gästebuchbeitrag von dem Vorwurf eines „verfemten" oder gar „entarteten" Eintrags.

Besonders bekannt sind Emil Barths so genannte „Xantener Hymnen", entstanden zwischen 1936 bis 1946. Sie stellen bis heute eine der bekanntesten lyrischen Denkmäler Xantens und des Niederrheins dar. Die „Xantener Hymnen" wurden erstmals im Jahr 1948 in einem Hamburger Verlag publiziert.

Emil Barth und sein Bruder Carl wurden in der Kleinstadt Haan bei Düsseldorf geboren. Dort besaß der Vater eine kleine Buchhandlung.

„Wahrscheinlich hat der Strom [der Rhein d. V.] in der deutschen Dichtung seit der Romantik keine tiefere Deutung erhalten als im Werk Emil Barths", schrieb Bernhardt Rosshoff in einem „Gedenkblatt" im Jahrbuch für den Kreis Wesel im Jahr 1980. Dies hört sich aus heutiger Sicht ein wenig übertrieben an. Schlussendlich gehört Emil Barth zu den bedeutendsten regionalen Poeten unserer Region im 20. Jahrhundert. Sein Leben und Wirken in Xanten ist heute sehr gut aufgearbeitet. Auch die Brüder Barth kehrten häufiger und begeistert im „Hotel und Restaurant van Bebber" ein. Ihre Einträge im ältesten erhaltenen Gästebuch des Hauses gehören zu den wichtigen Zeitzeugnissen der jüngeren Xantener Stadtgeschichte.

Auch Emils Bruder Carl Barth, der als niederrheinischer Maler berühmt geworden ist, war ebenfalls mehrfach Gast im Traditionshaus an der Klever Straße Er hat seine Inspiration wie sein Bruder auch aus der wunderschönen Landschaft rund um Xanten gewonnen. Eine ganzseitige Zeichnung von Carl Barth überschrieben mit „Dem Hause van Bebber zur freundlichen Erinnerung. Sommer 1942", welche einen kleinen Ausschnitt aus der damaligen Schankstube im Stammhaus zeigt, gehört ebenfalls zu den Juwelen des alten Gästebuches aus dem Anfang der 1940er Jahre. Es ist wahrscheinlich, dass beide Brüder nach einem „feucht-

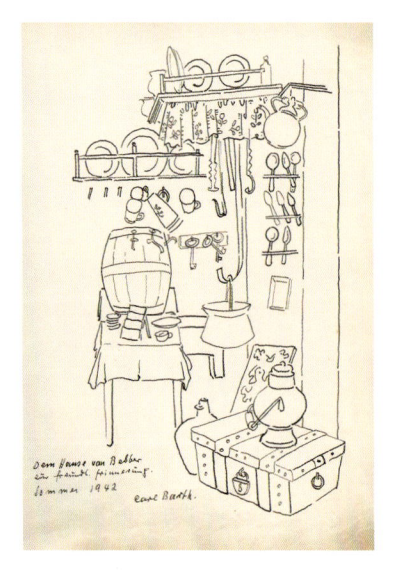

Gästebuchzeichnung von Carl Barth (1942).

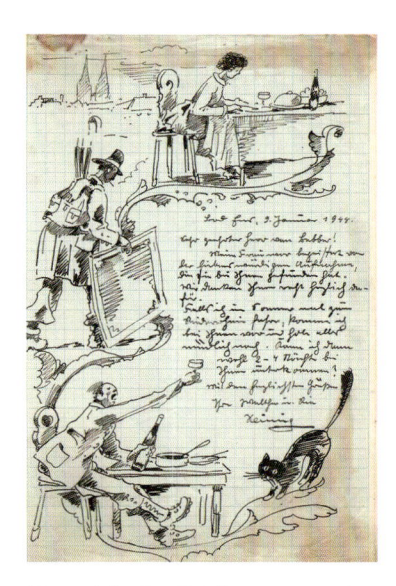

Humoristische Zeichnung aus dem Gästebuch (1941).

fröhlichen Abend", jeder auf seine Weise, eine künstlerische Erinnerung im Gästebuch hinterlassen wollten. Besonders die Darstellung des großen Weinfasses auf der Zeichnung von Carl Barth zeigt, dass das Haus auch noch während des Krieges als Weinlokal beliebt war.

Der regional bekannte Maler, der nach dem Krieg unter anderem eine längere Zeit im so genannten Pesthäuschen am Westwall wohnte, blieb dem „Hotel van Bebber" auch noch bis zu seinem Tod im Jahr 1976 als Stammgast treu.

1942/1943
Ein Silvesterabend – Kriegswende

Der Winter 1942/43 markierte die Kriegswende – auch wenn das stille Xanten und somit auch das „Hotel van Bebber" bislang von direkten Kriegsereignissen verschont geblieben war.

Die Alliierten waren zwischenzeitlich in Nord-Afrika gelandet, die Wehrmacht besetzte auch den Süden Frankreichs. In Stalingrad ging die 6. deutsche Armee unter und hinter der Front sowie in den Konzentrationslagern lief die Vernichtungsmaschinerie der Nationalsozialisten ohne Unterlass weiter. Die deutschen Großstädte, vor allem im nicht weit entfernten Ruhrgebiet, waren längst regelmäßig Ziele nächtlicher Bombenangriffe geworden; die Versor-

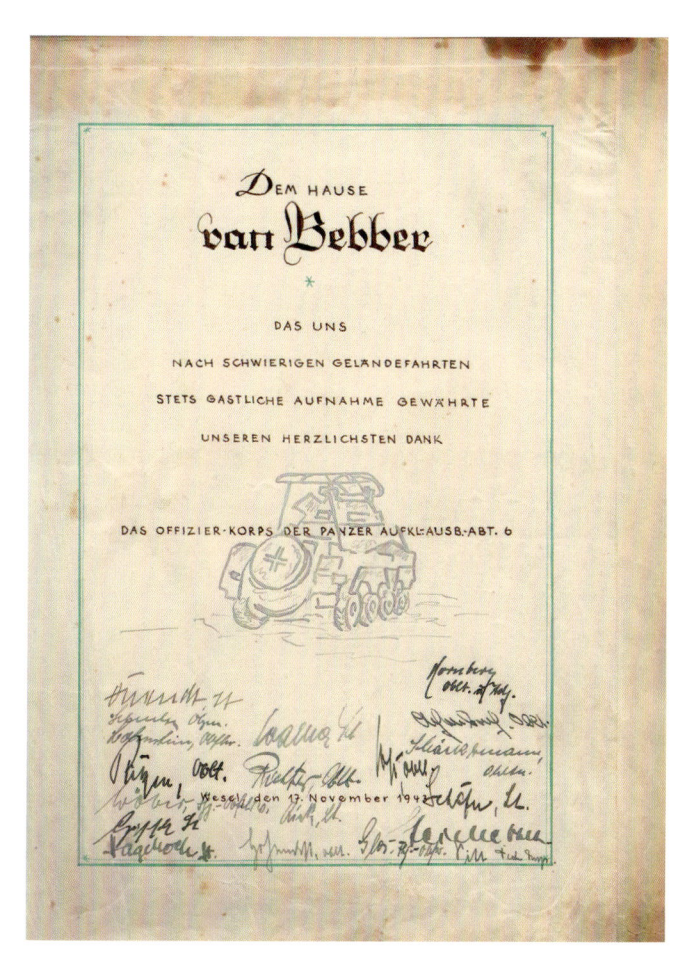

Ein Beispiel für viele Einträge: Eine Wehrmachtseinheit dankt für ihre Einquartierung. Man beachte die Brand-Flecken oben rechts – sie zeugen von der Zerstörung des Stammhauses Anfang 1945.

gungslage wurde auch am Niederrhein schlechter und in Berlin forderte der in Rheydt geborene Propagandaminister Goebbels den „Totalen Krieg". In diesem Winter 1942/43 begannen auch regimetreue Deutsche zu ahnen, dass der Krieg verloren sein könnte.

Der Silvesterabend 1942 wurde im „Hotel van Bebber" dennoch gesellig, feuchtfröhlich, aber auch durchaus melancholisch gefeiert. Mehrere Einträge im Gästebuch des Hotels verdeutlichen als einzigartiges Zeugnis – zwischen den Zeilen – fast ungeschminkt, die sich verändernde Kriegslage. Fast nichts mehr erinnert hier an die euphorischen Einträge aus den Jahren 1940 und 1941:

„Wechsel der Jahre 1942 – 1943"
Ein altes Jahr geht nun zu Ende,
des beheidens (sic!) Schatten wächst der Tat voraus,
ein jeder reicht dem anderen stumm die Hände,
und Wehmut zieht in dieses frohe Haus.
Der Glocke Klang erfüllt die Räume,
besinnlich, wie der Abschied war,
spinnt uns unsre Seele stille Träume
und Wünsche für das neue Jahr.
Und heiter dann, mit offnem Herzen,
begrüßen wir den jungen Tag,
vergessen alte Schmerzen,
und harren, was noch kommen mag.
Am Neujahrstag bringt uns viel Gutes
Das Haus van Bebber auf den Tisch.
Voll des erwartungsreichen Amtes
Sind neu erquickt wir, jung und frisch"
Helga Schweden

Ein weiterer Beitrag, der ebenfalls am Silvesterabend 1942 verfasst wurde, wird noch deutlicher:

„[…] Die Zeiten sind bescheiden.
Des guten Alberts Stirne [gemeint ist der Besitzer Albert van Bebber d.V.] *zieren*
Viel Augenfalten lang und breit
Und auf der Jagd nach guten Tieren
Ist er die allermeiste Zeit
Die Puten-Gänse-Hühner-Fische
Sind schlank und selten wie noch nie
Und doch ist auf van Bebbers Tische
Noch oft ein Aal.
[…]

Die Nächte sind dann wieder ruhig-lieblich
Und nicht mehr fährst du entsetzt Du in die Schuh!
Wenn Flackgeschosse dröhnen – Sirenenheulen!
Kein Bombenheulen stört Dir mehr die Ruh.
[…] Und Freunde, der Tag kommt näher, mit jeder abgelaufenen Stund! –
Der Tag, an dem im Glockendröhnen
Sich tut für uns der Friede kund.
[…] Und reiche Glück dem Haus van Bebber –
Am Niederrhein das (!) Haus!
Glückauf und Prost."
[Name unleserlich] 31.12.1942.

Der letzte Eintrag zeigt, dass auch während der Kriegszeit Gäste aus den luftkriegsgefährdeten Städten des Ruhrgebiets und aus dem Rheinland Gäste im „Hotel van Bebber" waren. Zudem scheint die Versorgungslage

Trotzt der sich verschlechternden Kriegslage findet man auch noch humorvolle Zeichnungen im Gästebuch (1941).

im Haus, dank des Inhabers, im Vergleich zu den Angeboten vergleichbarer Häuser in den Großstädten, im dritten Kriegsjahr noch sehr gut gewesen zu sein.

Am 31.12.1942 war, trotz der nachdenklichen Einträge im Gästebuch, sicherlich für viele Gäste überhaupt nicht vorstellbar, dass Anfang 1945 das „Bombenheulen" auch in Xanten bittere Realität werden sollte. Die alte Siegfried- und Römerstadt wurde nun zum Hauptkampfgebiet. Das alte Stammhaus, wo dieser Silvesterabend gefeiert wurde, fiel ebenfalls – wie viele Orte am Niederrhein – in Schutt und Asche. Die Brandspuren am Gästebuch zeugen bis heute von diesen schlimmen Tagen. Was mag aus den Gästen geworden sein, welche diese Zeugnisse hinterlassen haben? Eine Antwort ist heute nicht mehr möglich.

1943 – Schon wieder die UFA zu Gast – Dreharbeiten zum Film „Träumerei"

Im Oktober 1943, große Teile der deutschen Großstädte lagen bereits in Schutt und Asche, logierten wieder einmal berühmte UFA-Stars im Hotel – diesmal Hilde Krahl und Mathias Wiemann. Sie spielten den Komponisten Robert Schumann und seine Frau Clara Wieck. Regie führte erneut Harald Braun.

In Xanten entstanden von Ende Oktober bis zum 3. November 1943 Teile der Außenaufnahmen für den UFA-Streifen „Träumerei". Weitere Drehorte waren die Studios Berlin und Babelsberg. Auch dieser Film sollte die damalige Bevölkerung für fast zwei Stunden in eine vergangene Zeit entführen und die Nöte des Krieges vergessen machen. Die Stadt Xanten war zu die-

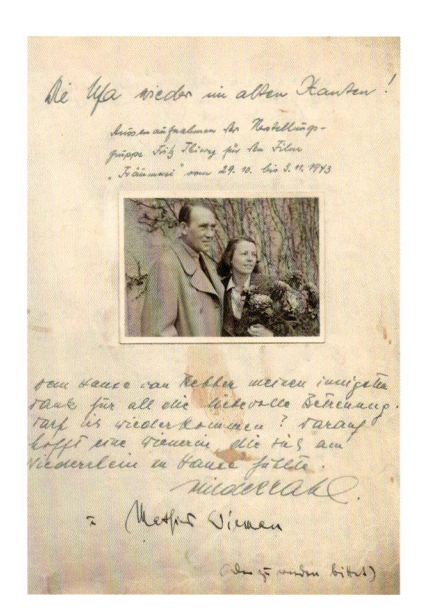

Der Eintrag von Hilde Krahl und Mathias Wiemann im Gästebuch (November 1943).

ser Zeit noch ein Idyll, wo, bis auf die überfliegenden alliierten Flugzeuge, die unter anderem das Ruhrgebiet bombardierten, vom Krieg kaum etwas zu spüren war. Von den hier gedrehten Außenaufnahmen fanden nur einzelne Sequenzen Eingang in den Film: So findet sich eine Szene, die das heutige „Hotel van Bebber" zeigt, sowie ein Spaziergang des Komponistenehepaars am Rhein bei Lüttingen.

Die 1999 verstorbene Hilde Krahl fühlte sich in Xanten und im „Hotel van Bebber" besonders wohl. „Darf ich wieder kommen? Darauf hofft eine Wienerin, die sich am Niederrhein zu Hause fühlte", schrieb sie in das Gästebuch. „Dem Hause van Bebber meinen innigen Dank für all die liebevolle Betreuung." Die damalige UFA-Schauspielerin wurde im Hotel besonders von den zeitgleich einquartierten Offizieren, die fast alle aus Wien kamen, umschwärmt. Kein Wunder, stammte „die Krahl" doch selber aus der früheren Kaiserstadt.

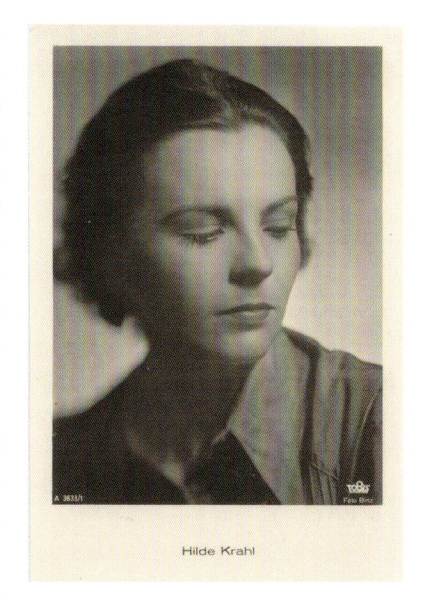

Autogrammkarte von Hilde Krahl (um 1944).

Auch der damals sehr populäre Schauspieler Mathias Wiemann (1902-1969) äußerte sich besonders lobenswert über seine Zeit im Xantener Traditionshotel. Wenige Jahre vor seinem Tod, 1964, besuchte er sein „van Bebber" ein zweites Mal. Die Außenaufnahmen des Films sollten die zu dieser Zeit bereits schwer bombardierten Städte Leipzig und Düsseldorf des 19. Jahrhunderts, in welchen die Komponisten Robert und Clara Schumann wichtige Stationen ihres Lebens verbrachten, darstellen. Eine Ehre für Xanten und das Hotel!

Der Film „Träumerei" wurde mit dem Prädikat „Künstlerisch wertvoll" ausgezeichnet. Seine Handlung sei hier kurz zusammengefasst: Er erzählt die Geschichte des Musikerehepaars, ihre Höhen und Tiefen, das Zerwürfnis der Tochter mit dem Vater Wieck, welcher in Schumann zunächst nur einen erfolglosen Komponisten sah. Ebenso nehmen die Intrigen Wiecks gegen den Schwiegersohn als

Dirigent des Düsseldorfer Musikvereins einen breiten Raum ein. Der Etat des Filmes betrug um die zwei Millionen Reichsmark – damals eine erhebliche Summe.

Nachdem die Filmcrew unter der Leitung von Harald Braun Xanten verlassen hatte und der Film fertig geschnitten war, gab es zunächst Probleme mit dem Propagandaministerium in Berlin: Minister Joseph Goebbels bezeichnete den Film als „pflaumenweiches Zeug". Schon nach einer halben Stunde ließ Goebbels, tobend vor Wut, die Vorstellung abbrechen. Der Regisseur Braun berichtet in seinen Erinnerungen über Goebbels Wutanfall: „Es sei schon schlimm genug, wenn man keine Filme mache, die unmittelbar mit dem Fronteinsatz zu tun hätten", habe der NS-Minister gewettert. „Dann solle man doch aber, zum Donnerwetter, wenigstens Filme machen, die eine dieser harten Zeit gemäße Härte zeigten." Schlussendlich wurde „Träumerei" dennoch freigegeben und avancierte zu einem der Kassenschlager des Jahres 1944.

Der UFA-Film, und somit auch die Kulisse des alten Xanten, wurden zunächst nur in Deutschland, in der Schweiz und nach dem Krieg in Portugal und Finnland aufgeführt. Im Jahr des Jubiläums, 2014, wird der Film das erste Mal im privaten Kreis in dem Haus zu sehen sein, wo die beteiligten Schauspieler gewohnt haben und bis heute Fotos von den Dreharbeiten in der „Bauernstube" hängen.

Interessant am Rande ist, dass in der „Träumerei" eine gewisse Hildegard Knef ihr Filmdebüt gab. Ein Eintrag von ihr im Gästebuch hat sich leider nicht erhalten.

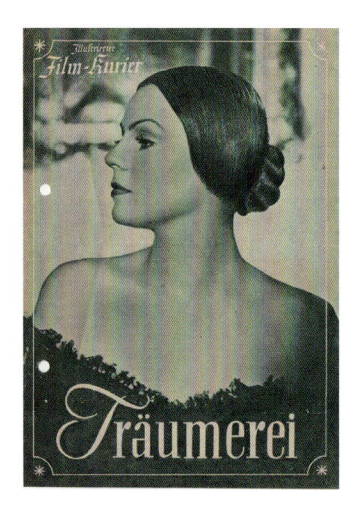

Das originale Filmprogramm von „Träumerei" (1944).

6. „Stunde Null"

Neubeginn und erneute Blüte (1945-1970)

1945/1946 Kriegsende – Winston Churchill und der Beginn einer „neuen Blüte"

Das notdürftig wiederhergestellte Packhaus von 1784 – das Stammhaus ist nicht mehr vorhanden – vom Südturm des Domes aus (1946). Seit dieser Zeit fungiert das Gebäude als alleiniges „Hotel van Bebber".

Anfang 1945 wurde auch unsere Region zum Hauptkampfgebiet. Eingeleitet wurde die Befreiung des Xantener Raumes durch verlustreiche Kämpfe im Bereich Uedem. Die Wälder um Xanten herum boten zunächst für die Alliierten kaum ein Durchkommen, da die Topographie und eine hartnäckige Verteidigung durch Wehrmachtseinheiten zu großen Zeitverzögerungen auf dem Weg zum Rhein führten. Schnell kam aber die Möglichkeit eines militärischen Durchbruchs durch eine Schneise zwischen Hochwald und Tüschenwald ins Visier des alliierten Oberkommandos. Sie wurde bereits im 19. Jahrhundert künstlich für eine

Der zerstörte Xantener Dom von Osten (1946).

Eisenbahntrasse geschaffen und von den Zügen der „Boxteler Bahn" durchfahren. Die Trasse der Eisenbahn bauten die kanadischen Truppen sofort nach ihrer Eroberung als Straße für den Nachschub aus. Die militärischen Ziele waren zum einen die Eroberung der „Siegfriedstadt Xanten" sowie das Erreichen der bis dahin noch unzerstörten Eisenbahnbrücke bei Wesel. Diesen entscheidenden Vorstoß in die Mitte des Deutschen Reiches führten die Alliierten unter dem Tarnbegriff „Blockbuster" durch.

Bereits zwischen dem 10. und 21. Februar 1945 wurde die historische Innenstadt von Xanten und insbesondere der Dom durch alliierte Bomber in Schutt und Asche gelegt. Hierbei zerstörten die Bomben auch das alte Stammtaus des Hotels völlig. Bei Ihrem Einmarsch fanden die Soldaten nur noch eine Trümmerwüste vor.

Das heutige Hotelgebäude, das seit den 1920er Jahren zu „van Bebber" gehörte und bis auf den Nordflügel weniger zerstört war, wurde, so Zeitzeugen, von den Allliierten sofort in Beschlag genommen. Auch der englische Premierminister,

Winston Churchill vor seinem historischen Rheinübergang in der Beek (März 1945).

Winston Churchill, welcher unter anderem kurzzeitig als Hauptquartier das wenige Kilometer entfernt gelegene „Schloss Lüttingen" wählte, speiste auch unter anderem im heutigen „Fürstenzimmer", das als früheres „Vereinszimmer" unbeschädigt geblieben war. Ebenso soll er hier auch über den Plänen für den bevorstehenden Rheinübergang gebrütet haben.

„Operation Blockbuster" gehört bis heute zu den vergessenen großen Schlachten des Zweiten Weltkriegs. Sie begann am 28. Februar 1945 um 5.15 Uhr. Deutsche Fallschirmjäger, die 116. Panzerdivision sowie 28 Jagdpanzer der „Panzerlehrdivision" wehrten sich verbissen, so dass es auf beiden Seiten zu hohen Verlusten kam. Die deutsche Wehrmacht setzte hierbei auch starke Artilleriekräfte ein, die das gesamte Gebiet mit Granaten eindeckten und schwere Schäden in den angrenzenden Ortschaften Labbeck und Uedem anrichteten. Insgesamt dauerten die verlust- und materialreichen Kämpfe vier Tage und endeten mit dem Erreichen des Rheinufers zwischen Xanten und Ginderich durch alliierte Truppen. Der von deutschen Soldaten angelegte bzw. ausgebaute Verteidigungsring rund um Xanten, die sogenannte „Schliefen-Linie", konnte mit dem Durchbruch im Hochwald umgangen werden.

Über die Klever Straße und durch das Klever Tor, und somit auch am Gelände des Hotels vorbei, rollte der alliierte Aufmarsch für den Rheinübergang bei Wesel, der am 23. März begann. Endlose Kolonnen zogen bei „van Bebber" vorbei. Einige Aufnahmen der Wochenschau und wenige erhaltene Fotos zeigen bis heute das damals trostlose Gebiet der Xantener Altstadt. 250.000 Soldaten sollen über den Rhein, weitere 750.000 Mann befanden sich auf dem Weg Richtung Xanten. Bei Wesel wurde ein Brückenkopf für den Übergang der alliierten Truppen über den Fluss gebildet. Unterstützt wurde diese militärische Operation durch eine gewaltige Luftlandeoperation, die in der Kriegsgeschichte bis heute einmalig geblieben ist.

Diese Entscheidungsschlacht fand unter dem Tarnnamen „Varsity" statt und dauerte bis zum 24. März 1945. Insgesamt wurden 1.840 Flugzeuge über Xanten eingesetzt. 4.978 britische und 9.387 amerikanische Soldaten sprangen mit Fallschirmen ab. Alleine die britischen Verluste des ersten Tages betrugen 1.078 Tote und Verletzte.

Erst nach dem 27. März 1945 kehrte in Xanten Friedhofsstille ein. An einen Wiederaufbau des historischen Ortsbildes war damals kaum zu denken. Ein Glücksfall für Familie van Bebber war die Tatsache, dass das größere der beiden ehema-

Auch das Klever Tor wurde in den letzten Kriegstagen stark beschädigt.

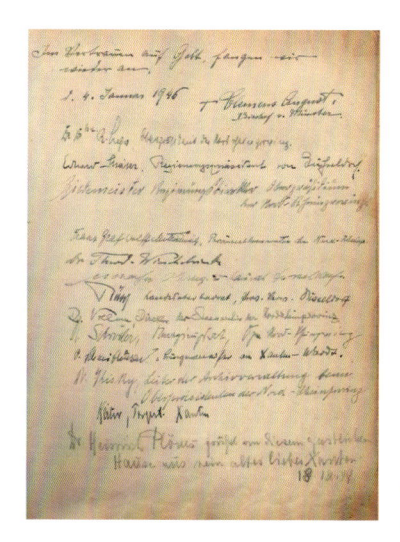

Wenige Wochen vor seiner Ernennung zum Kardinal trug sich Graf von Galen in das Gästebuch des Hauses ein. Er starb kurze Zeit später.

ligen Hotelgebäude die Bombenangriffe und Straßenkämpfe fast unbeschädigt überstanden hatte. Schnell wurde der historische Speicher des Packhauses von 1784 mit einem Notdach versehen und die teilzerstörte Wand zum ehemaligen Stammhaus mit einer Bretterwand abgesichert. In der ehemaligen Waschküche (die heutige „Bauernstube") richtete Albert van Bebber ein provisorisches Speisezimmer ein.

Der Restaurationsbetrieb des „Hotel van Bebber" lief in den Jahren nach dem Krieg, gefördert durch die Besatzungsmacht, schleppend wieder an. Bereits am 4. Januar 1946 fand, wie wir im durch Brandspuren gezeichneten Gästebuch lesen können, eine erste Veranstaltung im neuen Gastraum statt – die Neugründung des Dombauvereins. Anwesend waren hochrangige Gäste, wie z. B. der Bischof von Münster, der spätere Bundesminister Lehr, der erste Regierungspräsident von Düsseldorf nach dem Krieg, Eduard Sträter, sowie Dompropst Köster.

Auf dieser historischen Sitzung im teilrekonstruierten „Hotel van Bebber" wurden wichtige Weichen für einen Wiederaufbau des Xantener Domes gestellt, welcher zu fast 80 Prozent zerstört war. Bis zu diesem Tag gab es Pläne, die Ruine zu planieren. Infolge dessen schlug der als „Retter des Domes" bekannt gewordene Archäologe Prof. Bader, ebenfalls ein Freund des Hauses, eine Professorenstelle in Trier aus. Er war bereits Mitte der 1930er Jahre durch überregional beachtete Grabungen, unter anderem mit der Entdeckung des vermuteten Grabes des Heiligen Viktors unter dem Dom, bekannt geworden. Nach dem Zweiten Weltkrieg ernannte man ihn aufgrund seiner Verdienste um den Wiederaufbau des Domes zum Ehrenbürger von Xanten.

„Im Vertrauen auf Gott, fangen wir neu an". Dieses Zitat, welches der Bischof von Münster, Clemens August Graf von Galen, am 4. Januar 1946 – wenige Wochen

Die „Bauernstube" gehört zu den traditionsreichsten Orten der Xantener Gastronomie. Der lateinische Sinnspruch über dem Kamin ist bis heute legendär.

vor seiner Ernennung zum Kardinal (18. Februar 1946) – ins Gästebuch schrieb, sollte als Motto für den Neuanfang gelten. Es darf hier aber nicht verschwiegen werden, dass der „Löwe von Münster" zunächst auch für einen Abriss der Ruine des stark zerstörten Domes eingetreten war.

In den Folgemonaten wurden das heutige „Fürstenzimmer" als Restaurant sowie ein Buffetraum in der ehemaligen Waschküche (ab 1954 „Bauernstube") und neue Fremdenzimmer eingerichtet. Über dem Kamin in der Bauernstube steht bis heute der für das Haus sinnfällige Spruch: „Nunc vino pellite curas"! Lat: „Vertreibt Eure Sorgen hier und jetzt mit einem Glas Wein!". Hiermit ist die Funktion dieses wichtigen und legendären Raumes ausreichend erklärt.

In seinen Tagebuchnotizen, die Emil Barth im Oktober 1946, direkt nach seiner Rückkehr nach Xanten verfasst hat, findet sich auch eine seltene Schilderung des Zustandes des „Hotel van Bebber":

„Ich [d. V.] gehe dann zum ‚van Bebber' hinüber. Ich erkenne die Örtlichkeit nicht mehr, das alte [gemeint ist das Stammhaus d. V.] liegt in Schutthaufen.

Zwei Mann laden Schutt auf Rollwagen, ein Gleis läuft über die Klever Straße. […] Begrüßung van Bebbers, Lehrer Engel, Frau v. B. [gemeint ist wahrscheinlich die Witwe des Hotelkäufers Peter van Bebber d. V.], Erzählungen. Nur das ehemalige Vereinszimmer [heute das „Fürstenzimmer" d. V.] ist noch da, die linke Hälfte des zweiten Hauses, das zum Hotel gehörte. Drei Fremdenzimmer sind eingerichtet, während die Wirtsleute sich in den Hinterstuben behelfen; wir erhalten ein Zimmer zur Straße, den nie zuvor aus dem Boden empor wuchtenden Dom im Fensterausblick. Blick auf den Dom, vom Fenster in der Klever Straße aus. Versuche umsonst zu bewältigen, dass das Unglaubliche Wirklichkeit ist. […] Frühstück in der alten Küche im zweiten z. Teil stehengebliebenen Haus des ‚Hotel van Bebber'. Der mächtige Rauchfang: einige alte Ofenplatten drunten angelehnt stehend, Victor als Ritter mit Schild und Fahne, ein Bischof rechts, ein Evangelist links [gemeint ist die historische Ofenplatte aus dem 16. Jahrhundert d. V.], Messingkessel. Überm Bord Zinngeschirr, an den Wänden Bilder und Stiche, Reste des einstigen großen Schatzes […] Ebenso noch (wie bei Franken) römische Krüge und Urnen". Wahrscheinlich ist, dass der von Emil Barth beschriebene alte Rauchfang heute noch als Kamin in der „Bauernstube" erhalten ist.

Die ersten Arbeiten nach dem Zusammenbruch mussten von Albert van Bebber, der das Hotel seit dem Jahr 1920 leitete, geleistet werden. Sein Sohn Peter, der das Haus bis in die späten 1980er Jahre führte, kam erst zwei Jahre später (1948) aus der Kriegsgefangenschaft heim. Er übernahm das Traditionshaus an der Klever Straße, gemeinsam mit seiner Frau Mia nach dem Tod seines Vaters Albert, im Jahr 1959. Seine Ausbildung als Hotelfachmann hatte Peter van Bebber im „Europäischen Hof" in Krefeld absolviert.

Am 17. April 1947 fand schließlich die erste Generalversammlung der St. Viktor-Bruderschaft im Hotel statt, was einer

Peter van Bebber Junior leitete das Haus von 1959-1987.

Art Neugründung nach dem Krieg gleich kam. Schließlich waren zahlreiche Schützenbrüder im Krieg geblieben oder gegen Kriegsende bei den Luftangriffen und Bodenkämpfen in Xanten ums Leben gekommen. Mit der Abhaltung dieser Veranstaltung war das frühere „Erste Haus am Platze" zwei Jahre nach Kriegsende wieder ein Stück weit in das gesellschaftliche Leben der Domstadt zurückgekehrt.

An eine solch schnelle „Wiederauferstehung" des „Hotel van Bebber" in der Nachkriegszeit war in der „Stunde Null" aber zunächst nicht zu denken. Es sollte noch einige Zeit dauern, bis Albert und Peter van Bebber den Verlust des früheren Stammhauses durch eine konsequente Neuausrichtung des erhaltenen (früheren) Nachbarhauses ausgleichen und das neue bzw. verkleinerte „Hotel van Bebber" zu neuer Blüte führen konnten. Fast täglich fanden unter der Leitung der Familie van Bebber in der Zeit des so genannten „Wirtschaftswunders" wieder zahlreiche Veranstaltungen, Vereinsfeiern, Jubiläen, Hochzeitsfeste und Geburtstage im Hotel statt. Die nach dem Krieg neu gestalteten und mit vielen Xantener Bildern, Kunstwerken und Resten der ehemaligen Altertumssammlung aus dem zerstörten Stammhaus versehenen Räumlichkeiten „Fürstenzimmer" und „Bauernstube" erfreuten sich bei den Gästen wachsender Beliebtheit.

Die Bauernstube wurde Anfang der 1950er Jahre eingerichtet. Bis heute hat sie sich kaum verändert.

Seit den 1950er Jahren finden sich in den erhaltenen Gästebüchern zahlreiche prominente Gäste aus Film, Theater, Sport, Politik und Musik. Familie van Bebber konnte die Vorkriegstraditionen des weithin bekannten Hotels und Restaurants mit seinem beliebten Weinkeller bis in die späten 1980er Jahre hinein fortführen. Erst die Übernahme durch Familie van Dreveldt im Dezember 1987 bedeutete der Beginn einer neuen Ära, die vor allem mit einer erheblichen Erweiterung der Bettenkapazität und einer strategischen Neuausrichtung am Beginn der 1990er Jahre verbunden war.

In den folgenden Kapiteln werden nun, da alle Gästebücher der Nachkriegszeit bis hin zur Gegenwart vorliegen, einige berühmte Gäste des „van Bebber" vorgestellt und porträtiert. Somit ergibt sich ein interessantes „Kaleidoskop" bedeutender Vertreter der bundesdeutschen Nachkriegsgeschichte in den Bereichen Kultur und Politik bis hin zur Gegenwart. Zwischen 1950 und 1987 ist es, sieht man einmal von dem Ausbau der „Bauernstube" (1954) und der Übernahme des Hotels durch Peter und Mia van Bebber (1959) ab, zu keinen nennenswerten Umstrukturierungen oder Umbauten gekommen.

1945/1946 „Nach Kriegsende" – das Xantener Original Josef Engel, Familie Underberg und das „van Bebber"

Mit dem Gedicht „Nach Kriegsende" hat der Xantener Lehrer und Original Josef Engel im damaligen Gästebuch ein beeindruckendes Zeugnis der Stimmungslage wenige Monate nach Kriegsende hinterlassen. Es wurde Ende 1945 verfasst.

Engel war schon in der Vorkriegszeit stadtbekannt: In der Rolle des Siegfried bei Aufführungen im Birtener Amphitheater galt er bereits Anfang der 1930er Jahre als lokale Größe. Josef „Jupp" Engel, der seit dem Jahr 1920 Lehrer an der vom Hotel nicht weit entfernten Schule an der Bemmelstraße war, ist darüber hinaus auch als Chronist für Vereine, Zeitungen und öffentliche Ansprachen stadtbekannt geworden. Sein schauspielerisches Talent nutzte er unter anderem auch beim alljährlichen Martinszug, wo er bis zum Verbot der Veranstaltung durch die Nationalsozialisten im Jahre 1938, und dann wieder nach dem Krieg, den Heiligen Martin verkörperte. Auf privaten und öffentlichen Veranstaltungen trat Josef Engel nach 1945 auch als St. Nikolaus auf und blieb auch in den 1950er und 1960er Jahren als Mitglied des legendären Stammtisches ein treuer Gast des Hauses.

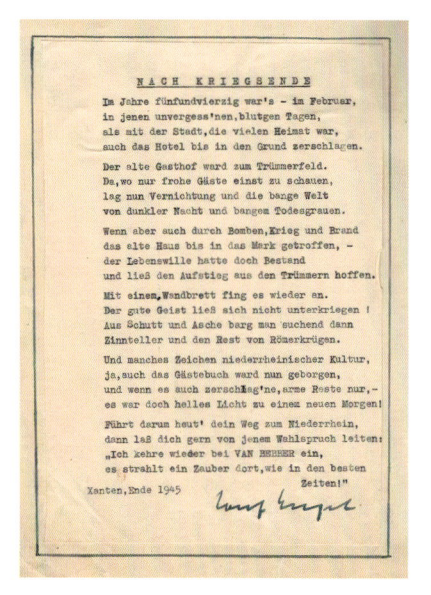

Josef Engels Gedicht „Nach Kriegsende" als Typoskript im Gästebuch (Dezember 1945).

Wie Emil Underberg, der heutige Seniorchef des Unternehmens, berichtet, war sein Lehrer Engel auch nach dem Krieg für die Xantener Kinder eine Respektsperson. Engel mochte es nicht, wenn die anderen Kinder Emil Underberg innerhalb der Schule wegen seiner damaligen kleinen Statur hänselten und sprach deshalb oft ein Machtwort.

Anfang der 1950er Jahre speiste Familie Underberg wieder einmal im Restaurant des „Hotel van Bebber". Die Mutter von Emil saß mit ihren Kindern auf einem schönen antiken Sofa im „Fürstenzimmer". Plötzlich betrat Lehrer Engel – als Nikolaus verkleidet – den Raum. Er hatte für jedes der anwesenden Kinder Zeit, erzählte Anekdoten und forderte jeden von ihnen auf, spontan ein Gedicht zu rezitieren. Als Josef Engel sich schließlich Familie Underberg zuwendete – Sohn Emil war zu dieser Zeit elf Jahre alt – musste er unvorbereitet „Die Glocke" von Schiller aufsagen und kam dabei, wie er noch heute lebhaft erzählt, tüchtig ins Schwitzen. Josef Engel verstarb im Jahr 1969.

Familie Underberg gehört bis heute zu den treuesten Stammgästen des Hauses. Exklusiv für dieses Buch haben uns Christiane und Emil Underberg eine weitere interessante Anekdote aus dem Oktober 1956 berichtet:

Einen Familienstreit und den Prozess um Produkt- und Markenrechte zwischen Gottfried und Emil Underberg (I) haben zwischen 1920 und 1956 viele Xantener Bürger verfolgt. Was war passiert? Gottfried, der nach dem Tod seines älteren Bruders Hubert im Ersten Weltkrieg als Prokurist in der Firma seines Vaters angestellt wurde, drohte im Jahr 1920 seinem Vater nach Differenzen Ohrfeigen an. Eine Entschuldigung erfolgte nicht. Als Folge dessen wurde ihm jedwede Tätigkeit in der Firma untersagt. Hiermit wollte er sich nicht abfinden und gründete nachfolgend ein Unternehmen, welches ein Produkt in den Markt

Der legendäre „Nikolaus-Stuhl" steht bis heute im Eingangsbereich des Hotels.

brachte, das dem Original seiner Familie ähnelte und ebenfalls auf die Produktion von Kräuter-Spirituosen ausgerichtet war.

Seit Beginn der 1950er Jahre prozessierten deshalb Teile der Familie gegen Gottfried Underberg. Als im Jahr 1956 Emil Underberg (I) vor dem Bundesgerichtshof nach vielen Prozessen schließlich Recht bekam, war die Freude übergroß. Seine Frau eilte zum Fernsprecher und ließ sich über Wesel nach Xanten zum „Hotel van Bebber" verbinden. Dort sprach sie mit Frau van Bebber und kündigte in etwa

Eine seltene Privataufnahme zeigt Familie Underberg am Ende des Ersten Weltkriegs auf Haus Balken in Marienbaum. Emil Underberg (I), der Vater des heutigen Seniorchefs, stützt sich auf den Schoß seiner Mutter.

Das „Fürstenzimmer" hat so manche legendäre Nacht erlebt.

Hochzeitsgesellschaft auf dem heutigen Hotelparkplatz. Auf dem Foto von 1950 sind auch die Eltern des heutigen Seniorchefs, Carl-Hugo van Dreveldt, abgebildet. Unübersehbar sind auch noch die Kriegsschäden am heutigen Hotelgebäude.

einer Stunde die Ankunft ihres Mannes an und befürchtete, dass es wohl etwas turbulent zugehen werde. Sie solle ihrem Mann doch ein schönes Zimmer vorbereiten, er dürfe auf keinen Fall selber nach Hause fahren.

Das „Hotel van Bebber" war jedoch vollständig belegt und alle Gäste feierten den historischen Sieg vor Gericht bis in die Morgenstunden. Trotz aller Bemühungen von Frau van Bebber konnte kein Zimmer im Haus angeboten werden. Wie sein Sohn Emil berichtet, fuhr Emil Underberg (I) dennoch mit dem PKW nach der Siegesfeier zum Haus Balken in Marienbaum – natürlich ganz langsam … Während der Fahrt hat er abwechselnd ein Auge zugedrückt.

1954 Erich Ponto – Ein Star aus dem legendären UFA-Film „Die Feuerzangenbowle" in Xanten

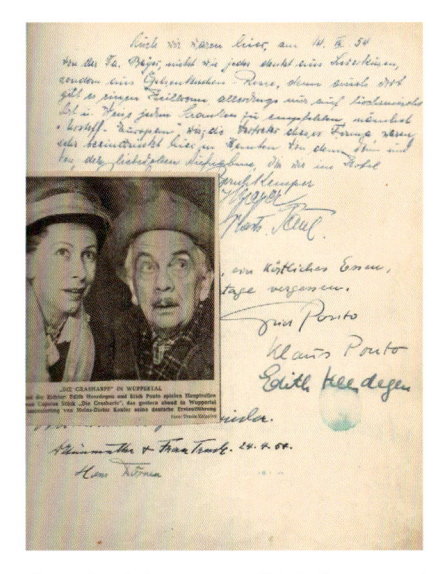

Bis heute ist der Schauspieler Erich Ponto vielen Menschen als strenger Deutschlehrer von Heinz Rühmann in der Verfilmung der „Feuerzangenbowle" von Heinrich Spörl ein Begriff. Der Dialog, indem Prof. Dr. Frey den angeblichen Pennäler Pfeiffer, natürlich mit drei „f", nach seinem Namen fragt und diesen buchstabieren lässt, gehört zu den bekanntesten Szenen der deutschen Filmgeschichte. Der in Lübeck geborene Schauspieler Erich Ponto debütierte 1913 im neu eröffneten Königlichen Schauspielhaus Dresden in Schillers „Räubern". Kurz vor Kriegsende begeisterte Erich Ponto in Lessings „Nathan" im Sommer 1945. Im Herbst desselben Jahres übernahm er die Generalintendanz der Bühnen der Landeshauptstadt Dresden. Eine späte künstlerische Heimat fand Erich Ponto schließlich in Stuttgart wo er auch drei Jahre nach seinem Besuch in Xanten im Februar 1957 starb.

Gästebucheintrag von Erich Ponto und Edit Heerdegen (1954).

Erich Ponto und Heinz Rühmann auf einem Ankündigungsfoto der „Feuerzangenbowle" zur Wiederaufführung in den Kinos (1964).

Zehn Jahre nach den Dreharbeiten zur „Feuerzangenbowle" (1943) war Ponto mit seiner Schauspielerkollegin und Lebensgefährtin Edit Heerdegen zu Gast im „Hotel van Bebber". Sie überlebte Ponto um 25 Jahre. Heerdegen war zu Beginn der 1980er Jahre eigentlich als „Adele" an der Seite von Carl Heinz Schroth in der gleichnamigen Erfolgsserie vorgesehen. Nach ihrem plötzlichen Tod im Jahr 1982 übernahm Brigitte Horney die Rolle.

Anders als bei vielen weiteren Gästen ist der Grund von Erich Pontos und Edit Heerdegens Aufenthalts im „Hotel van Bebber" überliefert: Beide Schauspieler waren Anfang 1954 mit dem Stück „Die Grasharfe" von Truman Capotes auf großer Tournee im Rheinland. Wahrscheinlich gastierten sie auch im Xantener

Das Hotel um 1960.

Schützenhaus oder in der Tonhalle an der Bahnhofstraße. „Zander und Salm, ein köstliches Essen, machten die Fastentage vergessen. Karfreitag 1954", so würdigte Erich Ponto die kulinarischen Spezialitäten im Gästebuch des Hotels.

1964 Mathias Wiemann – „Ein treuer Freund der Domstadt"

Im Jahr 1943, zwei Jahre vor der fast vollständigen Zerstörung der alten Römerstadt, war der damals bekannte UFA-Schauspieler Mathias Wiemann anlässlich von Arbeiten am Film „Träumerei" zu Gast im alten Stammhaus gewesen. Fast 20 Jahre später, am Himmelfahrtstag, den 11. Mai 1961, trug sich Wiemann erneut in das Gästebuch des Hauses ein:

„Wiederkehr. Wiedersehen am 11. Mai 1961". Die geschwungene Handschrift verrät noch heute die Emotionen, die Wiemann bei seinem Eintrag gespürt haben muss. Sicherlich wird der bekannte Schauspieler das alte Xanten bei seinem Besuch, das 1943 noch als Außenkulisse für den Film „Träumerei" gedient hatte, nicht mehr wiedergefunden haben. Ebenso auch nicht das Hotel in seiner ursprünglichen Form. Trotzdem war Wiemann anscheinend sehr glücklich über seine Wiederkehr.

Autogrammkarte von Mathias Wiemann aus der Nachkriegszeit.

Wiemanns Einkehr im hoteleigenen Restaurant erfolgte unangemeldet und auf der Durchreise zu beruflichen Projekten. Dennoch blieb seine Ankunft im „Hotel van Bebber" nicht unbemerkt. Schnell bekam die damalige lokale Presse Wind von der Angelegenheit. Die Rheinische Post berichtete ausführlich: „Der Repräsentant des deutschen Films schien kaum gealtert. Seine Augen blickten immer noch gütig und klar. […]. Alles war noch in seinem Gedächtnis gegenwärtig: die kleine Stadt, der Dom, der Nebel in der Rheinniederung, und so manche Abendstunde im altmodischen Gasthof [gemeint ist das im Krieg zerstörte Stammhaus d. V.] oder in der Gesellschaft der Kampfflieger des Geschwaders Udet […]. Aber auch von dem Vortragsabend wurde gesprochen, den er einmal im kleinen Hotelsaal gehalten, an der in unüber-

Hotelpostkarte aus den 1960er Jahren.

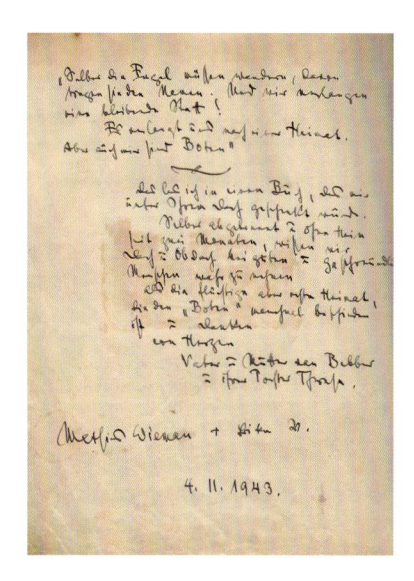

Mathias Wiemanns Eintrag im Gästebuch 1943.

trefflicher Weise deutsche Märchen geboten und alle Hörer weit vom Kriege fortgeführt habe".

„Sobald ich über etwas mehr Zeit verfüge, komme ich wieder nach Xanten, das ich liebe und schätze, an das ich mich stets dankbar zurück erinnere", so äußerte sich der einstige UFA-Star im Mai 1961. Dieser Wunsch sollte sich aber nicht mehr erfüllen. Bis zu seinem Tod im Jahr 1969 in Zürich hat der Schauspieler Xanten nicht mehr besucht. Wiemann konnte nach dem Krieg nicht mehr an seine erfolgreiche Filmkarriere aus der Zeit des „Dritten Reichs" anknüpfen und arbeitete vor allem als Theaterschauspieler und Hörspielsprecher.

7. Von Bundespräsidenten und Schlagerstars

Die 1970er Jahre

1970 Rote Grütze für den Bundespräsidenten Heinemann – „Hotel van Bebber" als Ort einer Staatsjagd

Die Postkarte zeigt eine Ansicht des Hotels zu Beginn der 1970er Jahre. Das Nachbargrundstück, wo bis 1945 das Stammhaus stand, ist noch nicht bebaut – welch ein Kontrast zur Gegenwart.

Der 13. und 14. November 1970 gehörten sicherlich zu den gesellschaftlich bedeutendsten Ereignissen, die das „Hotel van Bebber" in seiner langen und traditionsreichen Geschichte überhaupt erlebt hat.

Der damalige Bundespräsident Gustav Heinemann lud als Gastgeber zur Staatsjagd in die Umgebung von Xanten ein. Interessant ist, dass man im offiziellen Programm, welches man an alle Teilnehmer ausgab, die alte Römerstadt kurzerhand nach Westfalen verlegte ...

Der offizielle Besuch des damaligen Bundespräsidenten wurde wahrscheinlich vom Wardter Urgestein Heinrich Hegmann vermittelt, den mit Gustav Heinemann eine jahrelange Bekanntschaft verband. Bereits Jahre vor der Staatsjagd war Heinemann mehrfach privat in der Römerstadt und in Wardt, das erst 1969 nach Xanten eingemeindet wurde, zu Gast gewesen.

Heinrich Hegmann selber war übrigens ein gern gesehener Gast am Stammtisch des Hotels. Die Fernsehmoderatorin und die Autorin, Anne Gesthuysen, hat ihm mit Ihrer Charakterisierung im deutschlandweit beachteten Roman „Wir sind doch Schwestern" ein literarisches Denkmal gesetzt. Einige Szenen der Handlung spielen auch im „Hotel van Bebber".

Autogramm von Gustav Heinemann im Gästebuch.

Die Staatsjagd, die im „Vluynbusch bei Xanten" durchgeführt wurde, versammelte fast das gesamte damalige diplomatische Corps sowie zahlreiche Mitglieder der Landesregierung NRW und Botschafter im „Hotel van Bebber", das vom Bundespräsidialamt in Bonn als zentraler Aufenthaltsort ausgewählt wurde.

Die traditionelle Hubertusmesse fand natürlich am ersten Tag, Freitag, den 13. (!) November 1970, im vollbesetzen Xantener Dom statt. Die Öffentlichkeit wurde übrigens, was heute fast undenkbar ist, bei dieser Veranstaltung nicht ausgeschlossen. Nach der Messfeier im Dom stand Bundespräsident Heinemann den zahlreich erschienenen Pressevertretern aus dem In- und Ausland im „Hotel van Bebber" exakt 15 Minuten, unter anderem für Fotos, zur Verfügung. Aufgrund einer Aversion des Bundespräsidenten durfte im „Fürstenzimmer" kein Blitzlicht eingesetzt werden.

Das anschließende Abendessen im Hotelrestaurant wurde offiziell vom Bundespräsidenten gegeben. Für einen Abend fungierte also das Traditionshaus an der Klever Straße als die erste (kulinarische) Adresse Deutschlands. Als Abendgarderobe für die geladenen Gäste wurde übrigens ein Jagdanzug vorgegeben.

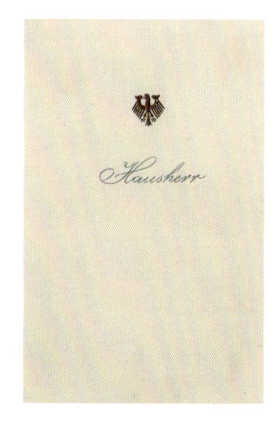

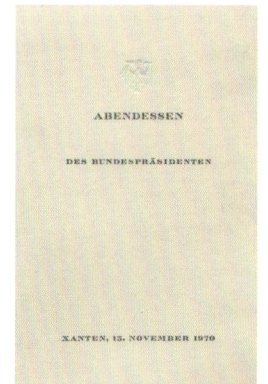

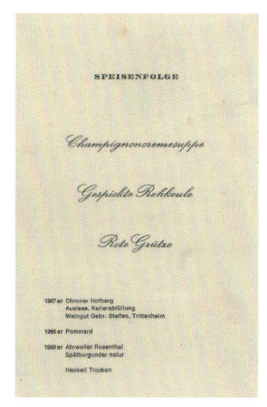

Die offizielle Menü-Folge des Abendessen.

„So viele Autos mit Bonner- und Diplomatenkennzeichen hat das Städtchen wohl noch nie gesehen", schrieb die Rheinische Post. Die ganze Stadt wurde von Sicherheitskräften und Protokoll-Mitarbeitern fast geflutet. Beim Eintreffen des Bundespräsidenten Heinemann am „Hotel van Bebber" standen viele Bürger Spalier, um den hohen Gast zu begrüßen, der vorab eine kleine Stadtrundfahrt durch das vorweihnachtlich beleuchtete Xanten unternommen hatte.

Der große Saal im „Hotel van Bebber" war für diesen Anlass besonders herausgeputzt worden. Massives Eichenholz mit viel Grün schuf eine besondere Atmosphäre. „Man kommt sich vor wie im Wald", äußerte ein Ober gegenüber einer lokalen Zeitung. Für alle Gäste wurde ein eigens hergestellter Bierkrug mit Jagdmotiven und einer Gravur „Xanten, 14. November 1970" angefertigt.

Auch das Menü für die hohen Gäste war ganz weidmännisch konzipiert. Wie alte Unterlagen verraten, wurde als Vorspeise eine Champignoncremesuppe, als Hauptgang eine Rehkeule sowie als Nachspeise eine rote Grütze das Lieblingsgericht des Bundespräsidenten serviert. Zudem durften die zahlreichen Gäste ausgesuchte Rhein- und Moselweine genießen. Wie das Gästebuch des Hauses verrät, nahmen an dem Empfang im Hause unter anderem auch die Botschafter von Pakistan, der Türkei, Madagaskar, Ecuador, der Dominikanischen Republik, Marokko, Chile und Kanada teil.

Ein Umtrunk im „Fürstenzimmer" und in der „Bauernstube" beschloss einen Abend, wie es das „Hotel van Bebber" in seiner langjährigen Geschichte wohl

Das „Fürstenzimmer" als Motiv einer Postkarte von Familie van Bebber (um 1964).

„Die beste rote Grütze … Einträge der Gäste der Staatsjagd (erste Seite).

nur sehr selten erlebt hatte. Natürlich übernachteten alle Staatsgäste sowie der Bundespräsident auch im Hause, bevor es am nächsten Tag um acht Uhr mit PKWs zum Jagdrevier ging.

Interessant ist, dass der höchste Repräsentant der Bundesrepublik Deutschland im November 1970 nicht, wie heute üblich, von der hiesigen Bevölkerung abgeschirmt wurde. So konnte eine Jugendgruppe aus Xanten Gustav Heinemann einen Protestbrief über die damaligen Zustände in Brasilien überreichen. Bei einer vergleichbaren Veranstaltung würde heute sicherlich fast die ganze Xantener Innenstadt komplett abgesperrt werden.

Insgesamt füllen die Einträge der Ehrengäste des damaligen Bundespräsidenten drei Seiten im damaligen Gästebuch. Vor der Signatur des damaligen Bundespräsidenten ist folgendes zu lesen: „Die beste rote Grütze, die ich je in Xanten gegessen habe". Der Autor dieses Beitrages war der damalige Ernährungsminister des Landes Nordrhein-Westfalen, Dieter Weneke. Bis heute hat es eine vergleichbare Veranstaltung im „van Bebber" nicht mehr gegeben.

1975 Bundespräsident Walter Scheel in Xanten

Am 13. Mai 1975 war nach Gustav Heinemann wieder einmal ein amtierender deutscher Bundespräsident zu Gast an der Klever Straße – sein Nachfolger Walter Scheel.

Der FDP-Politiker, geboren in Solingen und wohnhaft in Düsseldorf und somit auch dem Niederrhein sehr verbunden, besuchte anlässlich einer privaten Jagd wieder einmal die alte Römerstadt. Natürlich fand ein Essen mit seinen Begleitern im Restaurant des „van Bebber" statt. Bereits wenige Monate zuvor, am 8. November 1974, hatte Walter Scheel nach einer Herbstjagd, so der damalige Domküster Helmut Sommer, zum Konzert in den Xantener Dom eingeladen.

Autogramm von Walter Scheel im Gästebuch.

Walter Scheel wurde fast auf den Tag genau ein Jahr vor seiner Visite in Xanten, nämlich am 15. Mai 1974 mit 530 Ja-Stimmen zum Bundespräsidenten gewählt. Dieses Amt trat er am 1. Juli 1974 an. Der beliebte FDP-Politiker war zuvor unter anderem Kommunalpolitiker in Solingen, Mitglied des Landtages NRW (bis 1954) sowie unter anderem Minister für wirtschaftliche Zusammenarbeit und Außenminister der Bundesrepublik Deutschland. Im Kabinett von Willy Brandt wurde Scheel 1969 zum Vizekanzler ernannt.

Walter Scheel schied zum 30. Juni 1979 aus dem Amt des höchsten Repräsentanten der BRD aus.

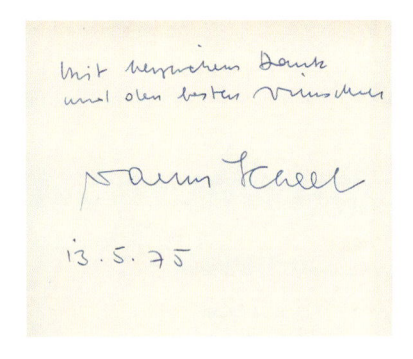

Handschriftlicher Eintrag des damaligen Bundespräsidenten.

Wenige Tage vor seinem Aufenthalt im „Hotel van Bebber" hatte er noch einen Staatsbesuch in Frankreich absolviert.

Besonders in Erinnerung ist Walter Scheel bis heute als „singender Bundespräsident" geblieben: Seine Single „Hoch auf dem gelben Wagen", die er zusammen mit zwei Düsseldorfer Männergesangsvereinen aufnahm, entwickelte sich in Deutschland zu einem Topseller. Die Aufnahme wurde am 6. Dezember 1973 in der Fernsehshow „Drei mal Neun" erstmals aufgeführt. Im Januar 1974 belegte das Volkslied bereits Platz fünf der deutschen Musikcharts. Ob Walter Scheel „Hoch auf dem gelben Wagen" auch im „Hotel van Bebber" gesungen hat, ist nicht überliefert …

1975 Ein neuer Star am Schlagerhimmel im „van Bebber" – Marianne Rosenberg

Autogrammkarte aus dem Gästebuch 1975.

Für das Jahr 1975 findet man folgenden Eintrag im Gästebuch des Hauses: „Dem „Hotel van Bebber" herzlichen Dank. Ihre Marianne Rosenberg."

Warum die Schlagerikone der 1970er Jahre zu Gast in Xanten war, ist leider nicht überliefert. Zu dieser Zeit reiste die neue Schlagerkönigin mit ihrem Vater für zahlreiche Auftritte in Clubs und Discos durch ganz Deutschland. Vielleicht ist sie auch in der alten Römerstadt aufgetreten?

Im Jahr ihres Besuches schaffte der damalige Teenie-Star ihren Durchbruch.

Bis heute sind ihre bekanntesten Lieder wie „Er gehört zu mir", „Marleen", „Mr. Paul Mc. Cartney", „Lieder der Nacht" Ohrwürmer geblieben. Weniger bekannt ist, dass Marianne Rosenberg die Tochter eines Sinti und Überlebenden des Vernichtungslagers Auschwitz ist.

Im besagten Jahr 1975 nahm die Sängerin erstmals am deutschen Vorentscheid zum „Eurovision Song Contest" teil, konnte sich aber mit ihrem Song „Er gehört zu mir" nur auf Platz zehn platzieren. Das Lied wurde dennoch ein Verkaufsschlager. Anfang der 1980er Jahre, die „Neue Deutsche Welle" beendete die „Schlagerseligkeit" der 1970er Jahre, blieb auch Rosenbergs Erfolg aus. Ein Comeback gelang der Sängerin erst 1989: „Ich denk an Dich" war einer der größten deutschen Hits des Jahres. Heute singt Marianne Rosenberg, nach einem längeren Ausflug in die Jazzszene, mit wachsendem Erfolg weiterhin ihre Evergreens.

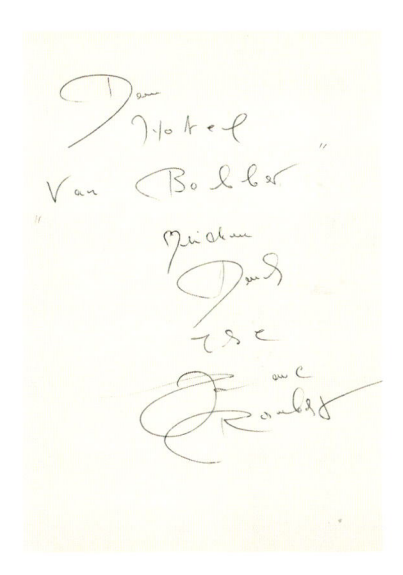

Eintrag von Marianne Rosenberg im Gästebuch.

Marianne Rosenberg hatte zur Zeit Ihres Besuches in Xanten zahlreiche Auftritte in Rundfunk und Fernsehen und war Dauergast in der ZDF-Hitparade. Zweifelsohne hat der Sängerin ihr Aufenthalt im „Hotel van Bebber", wie der Gästebucheintrag ausweist, gefallen.

1979 Der Bruder des späteren Papstes zu Gast – Georg Ratzinger

Wenig bekannt ist, dass der Bruder des späteren Papstes Benedikt XVI., Georg Ratzinger, auch einmal Hotelgast im „van Bebber" gewesen ist.

„Für die freundliche Aufnahme und die ausgezeichnete Bewirtung dankt recht herzlich die Chorleitung der Regensburger Domspatzen. Xanten, den 29.10.79. Georg Ratzinger Domkapellmeister" ist im damaligen Gästebuch zu lesen. Der

Gästebucheintrag mit Unterschrift von Georg Ratzinger.

Eintrag wurde in seinem Auftrag von Christof Hartmann, damals frisch ausgeschiedener Sänger der Domspatzen und Vorstandsmitglied des Fördervereins, verfasst und von Ratzinger schwungvoll unterschrieben. Hartmann ist heute Manager des weltberühmten Knabenchors.

Georg Ratzinger, geboren in Pleiskirchen bei Altötting, wuchs wie sein berühmter(er) Bruder in Oberbayern auf. Im Zweiten Weltkrieg wurde er als Soldat eingezogen, danach folgte das Theologiestudium. Im Jahr 1951 weihte man ihn, zusammen mit seinem jüngeren Bruder Joseph, dem späteren Papst Benedikt XVI., zum Priester. Zusätzlich studierte Georg Ratzinger Musik und wurde 1964 als Domkapellmeister von Regensburg Leiter der weltberühmten „Domspatzen".

Der Besuch Georg Ratzingers erfolgte im Rahmen eines Konzertes seines Chores im Xantener Dom, welches, glaubt man der damaligen Presse, ein rauschender Erfolg war. Die weltberühmten „Domspatzen", so erinnert sich der ehemalige Domküster Helmut Sommer, waren mit ihrem berühmten Kantor vorher bereits mehrere Male in der alten Römerstadt zu Gast gewesen.

Der überregional bekannte Kirchenmusiker ging im Jahr 1994 nach mehr als 1.500 Konzerten und Gottesdiensten in den Ruhestand. Doch als aus seinem Bruder, dem Kardinal Joseph Ratzinger, Papst Benedikt XVI. wurde, änderte sich auch das Leben des Musikers noch einmal radikal. Plötzlich war er „Der Bruder des Papstes", wie ein Buch über Georg Ratzinger betitelt ist.

Es ist überliefert, dass auch Papst Benedikt in den 1960er Jahren mehrfach in Xanten gewesen ist. Damals war er Theologieprofessor in Münster und betete mit seinen Studenten im Viktor-Dom. Ob er auch Gast im Restaurant des Hotels war, muss leider offenbleiben.

8. Stagnation und neue Investitionen

Die 1980er Jahre (1980-1987)

HOTEL VAN BEBBER
RESTAURANT

HAUS DER GEPFLEGTEN GASTLICHKEIT
4232 XANTEN/RH. · TELEFON (0 28 01) 14 01

Werbeprospekt Hotel und Familie van Bebber (ca. 1976).

Anfang der 1980er Jahre waren die goldenen Zeiten des „Hotel van Bebber", glaubt man den Einträgen im Gästebuch, augenscheinlich vorbei. Bis auf wenige Ausnahmen, so z. B. vom bekannten Berliner Schauspieler Peter Schiff, der sich vor allem in der Fernsehserie „Die drei Damen vom Grill" einen Namen machte, finden sich kaum noch Einträge namhafter Gäste im Gästebuch des Hauses. 1981 wurde das „Hotel van Bebber" in die Denkmalliste der Stadt Xanten eingetragen. Ein Hinweisschild am Gebäude erinnert bis heute an dieses Ereignis. Das Restaurant besaß weiterhin eine ungebrochene lokale und regionale Anziehungskraft. Dennoch wurde immer offensichtlicher, dass die Zukunft des Xantener Traditionshotels langfristig nur über Modernisierungen gesichert werden konnte. Folgerichtig kann diese Chronik für die frühen 1980er Jahre bis zum Verkauf an die heutige Inhaberfamilie van Dreveldt im Jahr 1987 nicht über prominente Gäste oder wichtige Ereignisse berichten.

Die späten 1980er Jahre waren, wie oben bereits angedeutet, für Familie van Bebber keine Erfolgsjahre. Die Übernachtungszahlen gingen kontinuierlich zurück und auch das Restaurant war in die Jahre gekommen. Der Inhaber Peter van Bebber hatte mittlerweile ein Alter erreicht, wo er nach über 40 Jahren erfolgreicher Geschäftsführung das Zepter aus der Hand geben musste, zumal aufgrund des plötzlichen Todes seiner Frau Mia und wegen eines feh-

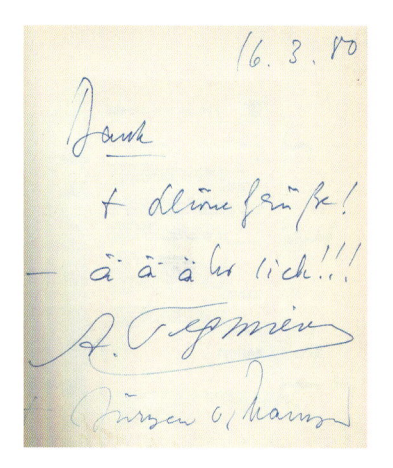

Jürgen von Manger alias „Herr Tegtmeier" war einer der wenigen prominenten Gäste, die sich zu Beginn der 1980er Jahre ins Gästebuch eintrugen.

lenden Nachfolgers unter seinen Kindern der Familienbesitz nicht mehr dauerhaft gesichert werden konnte. Damit war das Hotel „auf dem Markt".

Der Kaufvertrag wurde am 31. Dezember 1987, dem 65. Geburtstag von Peter van Bebber, unterschrieben. Ab dem 1. Januar 1988 hießen die neuen Besitzer Gertraude und Carl-Hugo van Dreveldt.

9. Frischer Wind und „First Class Hotel"

Die Ära Familie van Dreveldt (1987-2014)

1987-1987 Umbau und Neueröffnung durch Familie van Dreveldt

Gertraude und Carl-Hugo van Dreveldt mit den Kindern Anne und Axel zur Zeit der Eröffnung.

Die umfangreichen Renovierungsarbeiten, die nach dem Erwerb des Hotels durch Familie van Dreveldt notwendig wurden, dauerten von Mai 1988 bis April 1989. Der ursprüngliche historische Charakter und Charme des Hauses sollten, in enger Kooperation mit dem Denkmalschutz, in ihrer ursprünglichen Form erhalten bleiben. Bereits zwei Monate vor der Vertragsunterschrift, nämlich im Oktober 1987, begann Familie van Dreveldt mit den ersten Planungen und Konzepten für eine denkmalkonforme Renovierung und Neugestaltung des Gebäudes. Die ehemalige Wohnung der Familie van Bebber in der ersten Etage des Hauses wurde in das neue Zimmerkonzept integriert und tiefgreifend umgestaltet.

Die heutige Seniorchefin Gertraude van Dreveldt ist seit der Neueröffnung im April 1989 für das Ausstattungskonzept des Hotels verantwortlich.

Am 31. Dezember 1987 „taten wir nun diesen denkwürdigen Schritt, der uns mit allem Für und Wider das ‚Hotel van Bebber' in Xanten bescherte. Noch bevor wir uns genüsslich in unseren ‚neuen' [man kannte das Haus bereits als Gäste viele Jahre d. V.] vier Wänden niederlassen konnten, begann das ganz große, sorgsame Packen und Verpacken all der schönen Dinge, die das Erdgeschoss mit seinen Gasträumen beherbergte [gemeint ist unter anderem ‚Fürstenzimmer' und ‚Bauernstube' d. V.]. Zu Hause wurde eine ganze Wohnung leergeräumt, um alles sachgemäß lagern zu können – welch eine Aktion", so schrieb Getraude van Dreveldt in das neue Gästebuch des Hauses.

In Xanten wurde hinter vorgehaltener Hand schnell über eine geplante Aufstockung der Bettenkapazität gesprochen. Bis zum Kauf des Hauses standen elf Zimmer im Obergeschoss des historischen Packhauses von 1784 zur Verfügung. Nach dem Umbau wurden diese Räume neu gestaltet. Hierbei konnte auch der historische Packboden, wo im 18. Jahrhundert Kolonialwaren eingelagert waren, mit einbezogen werden. Von einer wesentlichen Steigerung des Angebots konnte also Ende der 1980er Jahre (noch) nicht die Rede sein.

Die neue und besonders stilvolle Einrichtung der umgestalteten Hotelzimmer wurde in Möbel- und Einrichtungshäusern sowie in Antiquitätengeschäften in ganz Westdeutschland erworben. „Wir haben erfahren müssen, dass das Glück wirklich nicht in der Ferne liegt – letztendlich haben wir fast alles Notwendige vom Niederrhein bezogen – welche Gegend!", so schrieb, fast euphorisch, die stolze Inhaberfamilie ins damalige Gästebuch.

Die neue Eigentümerin, Getraude van Dreveldt, erläuterte gegenüber der Presse ihr Konzept der Neugestaltung des Hauses wie folgt: „Es ging uns darum, die

Qualität der Räume zu steigern. Die Hotelzimmer, alles Doppelzimmer, die aber auch als Einzelzimmer angeboten werden, sind geräumig geworden und haben alle ein Bad". Ebenso wurde die technische Ausstattung erneuert bzw. einem modernen Standard angepasst: Telefon, Sitzecke, Minibar, Radio und Fernseher auf jedem Zimmer stellten am Ende der 1980er Jahre in einem Xantener Hotel Novitäten dar.

Besonders zu erwähnen ist, dass Familie van Dreveldt die Traditionsräume, die sie von Peter van Bebber übernommen hatte – jeder der hauseigenen Kunst- und Ausstattungsgegenstände ging in die Kaufsumme mit ein –, überwiegend so belassen hat, wie sie seit Generationen bei den Einheimischen und Gästen beliebt waren. „Ihr Hauptaugenmerk war darauf gerichtet, die Annehmlichkeiten der Moderne mit dem Charme des Alten zu verbinden, um dadurch die jahrhundertealte Tradition des Hauses fortzuführen", fasst die Homepage des Hotels die damalige Intention der neuen Inhaber treffend zusammen.

Jeder Gast ist herzlich willkommen. Der von Familie van Dreveldt nach 1987 neu gestaltete Eingangsbereich des Hotels (2014).

Eine konsequente Umnutzung oder eine vollständige konzeptionelle Neuausrichtung hätte sicherlich einen großen Bruch in der Hotelgeschichte und somit auch beim Verhältnis der Xantener Honoratioren, Bürger, aber auch der Stammgäste zu „ihrem Haus" bedeutet. Schließlich wurden zu dieser Zeit noch einige, zum Teil jahrzehntealte Stammtische im „van Bebber" unterhalten und gepflegt. Besonders legendär war immer der so genannte „runde Tisch" – eine Art Stammtisch – im Eingangsbereich des „Fürstenzimmers", an dem nur ausgewählte Gäste mit besonderer Reputation Platz nehmen durften.

Eine wichtige Neuerung wurde darüber hinaus im nördlichen Erdgeschoss eingebaut: Eine mobile Trennwand erlaubt es seit dieser Zeit, den großen Saal in das

Seit dem Umbau stehen auch moderne Tagungsräume im nördlichen Erdgeschoss zur Verfügung, die sehr gerne von Firmen und Institutionen genutzt werden.

„Norbert"- und „Siegfriedzimmer" zu trennen. Somit konnten moderne Tagungsräume und – möglichkeiten geschaffen werden.

Ein weiteres Highlight, das sich bis heute in Xanten ungebrochener Beliebtheit erfreut, ist das während des Umbaus ebenfalls neu gestaltete Kellerlokal „De Kelder". In einem spätmittelalterlichen Gewölbekeller eines Vorgängerbaus wurde nicht nur eine Gaststätte mit einem einzigartigen Flair für Hotelgäste und Bürger geschaffen. Zwei neue Kegelbahnen bieten hier bis heute ebenfalls Unterhaltung für Jung und Alt. Zusätzlich wurde ein separater Eingang zur Klever Straße hin eingebaut.

Auch die komplett neue Kücheneinrichtung des hoteleigenen Restaurants ließ das weithin bekannte Hotelrestaurant in neue Dimensionen vorstoßen.

„Was lange währt – wird endlich gut, haben wir uns gesagt und uns trotzdem beeilt, alles für unsere Gäste so schön und gemütlich wie möglich zu machen. Nun möchten wir das Ergebnis unserer Arbeit vorstellen und laden am 8. April 89 um 18.00 Uhr herzlich zur Eröffnung unseres neuen, alten Hotels ein. Carl-Hugo und Gertraude van Dreveldt, „Hotel van Bebber", Xanten", schrieb die damalige Hotelchefin handschriftlich (!) auf jede Einladungskarte.

Die offizielle Neueröffnung am 8. April 1989, bereits am 5. April war die Einsegnung durch den damaligen Propst Lindlar erfolgt, begründete eine neue Ära innerhalb der langjährigen und traditionsreichen Hotelgeschichte.

Zahlreiche Xantener Bürger, Ehrengäste und Freunde der Familie feierten ein bis heute unvergessenes Einweihungsfest. Im Gästebuch sind von diesem Tag zahlreiche Fotos und persönliche Einträge der Festgäste erhalten geblieben.

Seite des Gästebuches zur Eröffnung mit Gertraude und Carl-Hugo van Dreveldt (unten) und Hotelfassade mit Bekränzung (oben) (April 1989).

Wer konnte bei der Neueröffnung des Hauses an diesem Abend ahnen, dass wenige Monate später, am 9. November 1989 in Berlin die Mauer fallen sollte? Somit wurde dieses Jahr 1989 für Familie van Dreveldt ebenfalls zum Wendejahr. Nicht jeder in Xanten, soviel sei an dieser Stelle erwähnt, hat den neuen Inhabern einen derartigen und langandauernden Erfolg zugetraut – schließlich hatte keiner aus der Familie bis dato eine Ausbildung im Hotelfach oder vergleichbare Berufserfahrung vorzuweisen. Es kam anders: Schnell wurde das „Hotel van Bebber" zu dem, was es viele Jahrzehnte bereits gewesen war – zum „ersten Haus am Platze" und somit auch wieder zu einem wichtigen gesellschaftlichen Mittelpunkt in Xanten.

Im Frühjahr 2014 kann Familie van Dreveldt auf 25 Jahre Eigentümerschaft und Geschäftsführung zurück blicken. Auch mit dem rückwärtigen Erweiterungsbau, welcher im Jahr 1994 fertiggestellt wurde, haben die Eigentümer die Geschichte des Traditionshauses geprägt. Somit gehören die Dekaden „van Dreveldt" zu den bedeutendsten Ereignissen der mittlerweile über 230-jährigen Hotelhistorie überhaupt. Wenn das nicht ein Grund zum Feiern ist?

Das im Gästebuch erhaltene Manuskript der Rede zur „Einweihung" von Klaus Hommels, der Neffe von Familie van Dreveldt, vom 8. April 1989, erlaubt uns noch heute einen eindrucksvollen Einblick in die damalige Aufbruchsstimmung an der Klever Straße.

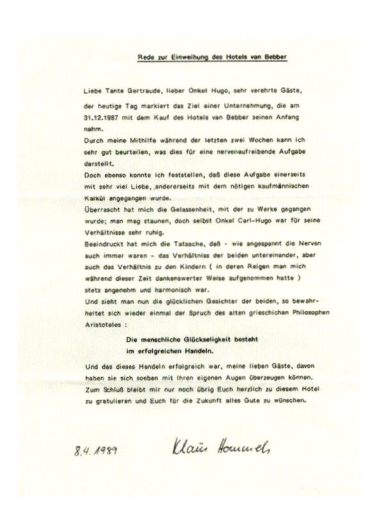

Typoskript der Eröffnungsrede von Klaus Hommels.

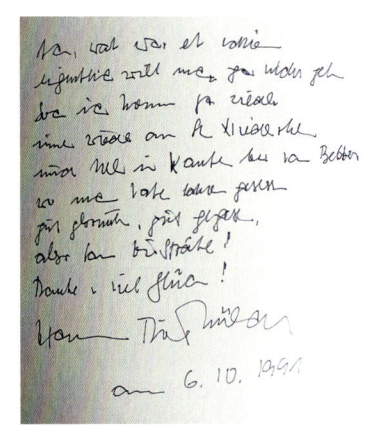

Gästebucheintrag von Hanns Dieter Hüsch 1991.

1991 Der Niederrhein-Kabarettist Hanns Dieter Hüsch schreibt über „van Bebber"

„Na, wat war et schön, eigentlich will mer gar nicht geh, doch ich komm ja wieder, immer wieder an den Niederrhein und kehr in Xanten bei van Bebber ein, wo man hatte schön gesessen, gut getrunken, gut gegessen, aber dann bis später! Danke und viel Glück", schrieb „Mr. Niederrhein" am 6. Oktober 1991 in das Gästebuch der Familie van Dreveldt.

Hanns Dieter Hüsch (1925-2006) ist bis heute das Vorbild für alle Kabarettisten und Comedians am Niederrhein geblieben. Xanten und das Restaurant van Bebber hat er oft und gerne besucht. In seinen beliebten Büchern über unsere Region schrieb er auch immer wieder über die alte Römer- und Siegfriedstadt.

Hüsch stellte nicht den Typ Kabarettist dar, der sich vor allem mit tagespolitischen Themen auseinandersetzte. Er sah sich eher als „literarischer Entertainer" und als „philosophischer Clown", wie er einmal in einem Interview sagte. Ein wichtiger Freund und Kollege von Hanns Dieter Hüsch, Hein Driessen, welcher

Hanns Dieter Hüsch (Mitte) und Hein Driessen (rechts) im Hotel „van Bebber".
Foto aus dem damaligen Gästebuch.

auch einige seiner Bücher illustriert hat, schuf mit der Darstellung der Ermordung Siegfrieds, über dem heutigen Stadt-Café zu sehen, im Jahr 1954 eines der wenigen noch erhaltenen öffentlichen Kunstwerke der Nachkriegszeit in Xanten. Im Herbst 1991 stellte Hein Driessen anlässlich einer der traditionellen Herbstausstellungen von Gertraude van Dreveldt im Erdgeschoss des Hotels aus. Sein Freund Hüsch ließ es sich natürlich nicht nehmen, diese Präsentation zu eröffnen.

Hanns Dieter Hüsch, so Familie van Dreveldt, gehört zu den wichtigsten und interessantesten Gästen der letzten 25 Jahre. Wie ein anderer Eintrag in einem Gästebuch der Familie „van Bebber" vom März 1978 beweist, war der Kabarettist bereits als Junge mit seinem Vater oft in Xanten.

Ein weiterer Text, welchen er in einem seiner erfolgreichen Bücher über den Niederrhein veröffentlich hat, verdeutlicht nicht nur seine spezielle Beziehung zu Xanten, sondern auch seine besondere Verbundenheit zum „Hotel van Bebber":

„Wenn Du beim Quiz
Eine Stadt suchst mit X
Sagst du unweigerlich: Xanten
Wenn Du in Xanten bist
Und hast bei van Bebber Wild gegessen
Spürst Du auf einmal Geschichte
Und Du läufst um den Dom zu sehen
Ihn anzufassen und denkst dabei an die Römer
Und willst es kaum glauben
In diesem kleinen Niederrhein-Städtchen
Hat sich schon Siegfried getummelt
Blond, katholisch und bärenstark
In Xanten geht immer ein Hauch
Von Vergänglichkeit durch die Gassen
Ruhe Dich aus im Amphitheater
Gleich kommt Tullius Septimus
Und fragt einen Mönch nach dem Weg
Er zeigt nach oben und alles ist gut"
Gedanken von Hanns Dieter Hüsch

1991 „Als ich bei van Bebber saß, war's Wetter nass" – Thomas Gottschalk

Man kann mit Fug und Recht behaupten, dass im „Hotel van Bebber" auch ein kleiner Teil deutscher Fernsehgeschichte geschrieben wurde.

Im Juni 1991 logierte der beliebte Schauspieler und Moderator Thomas Gottschalk fast eine Woche lang im Xantener Traditionshotel. Im benachbarten Amphitheater des Archäologischen Parks wurde damals die erste Sommerausgabe von „Wetten dass" am 29. Juni 1991 „Open Air" produziert. Die Proben hierzu dauerten mehrere Tage. Das Zimmer Nr. 107, indem Gottschalk übernachtete, war ganz in seinem Sinne ausgestattet: Parkettboden, wertvolle Teppiche und Kirschholzmöbel boten eine ansprechende Atmosphäre. Als Stargäste wurden vor allem bekannte deutsche Showmaster eingeladen. Glaubt man dem Eintrag Gottschalks im Gästebuch, fühlte er sich im Haus „pudelwohl".

Die 68. Sendung von „Wetten dass" sollte auch zu einem Meilenstein der jüngeren Xantener Stadtgeschichte werden. Auch in den darauffolgenden Jahren

Gästebucheintrag von Thomas Gottschalk 1991.

wurde im Sommer, mittlerweile auf Mallorca, eine Sendung unter freiem Himmel produziert.

„Als ich bei van Bebber saß, war's Wetter nass", schrieb Gottschalk ins Gästebuch. Tatsächlich war der Wettergott der Sendung nicht hold. Wahre Wassermassen ergossen sich auf das Publikum im rekonstruierten römischen Amphitheater des Archäologischen Parks. Regencape und Gummistiefel, so Anne van Dreveldt-Trautmann, gehörten schon bei den Proben zur täglichen Ausrüstung des Moderators.

Produktionsgespräche, die nicht öffentlich waren, hielt Gottschalk mit seinem Team nach dem Frühstück in der „Bauernstube" ab. Dennoch versuchten immer wieder Fans diesen Raum, unter anderem über die hoteleigene Kellerbar, zu erreichen. Einmal besuchte Gottschalk, mit einer Zigarre im Mund, seine Fans, die in der heute noch bestehenden Gaststätte „de Kelder" ausharrten. Die Überraschung der anwesenden Anhänger des Show-Masters war natürlich entsprechend groß. Auch der Außenbereich des „Hotel van Bebber"

Der durchnässte Moderator im Hotel. Rechts Gertraude van Dreveldt.

war von weiblichen Fans umlagert. Familie van Dreveldt versuchte immer wieder erfolgreich, jeden ungebetenen Gast oder Autogrammjäger von einer Störung des berühmten Gastes und seiner Crew abzuhalten.

Trotz des anhaltenden Dauerregens blieb Gottschalk immer gut gelaunt. Für die Inhaberfamilie ist bis heute unvergessen, dass Thomas Gottschalk am Hoteleingang wiederholt und ungebeten seine „triefenden Stiefel auszog und auf Wollsocken durch das ganze Haus wandelte".

Die Open-Air-Show von „Wetten dass" im APX wurde ein großer Erfolg. 11,41 Millionen Zuschauer an den Fernsehschirmen bedeuteten auch eine unbezahlbare Werbung für die gesamte Stadt Xanten. Der Marktanteil betrug damals unglaubliche 64,5 Prozent. Heute sind solche Quoten nur noch bei einer Fußball-Weltmeisterschaft denkbar.

1991 Der Hotelchef greift in den Ablauf von „Wetten dass" ein – Rudi Carrell zu Gast

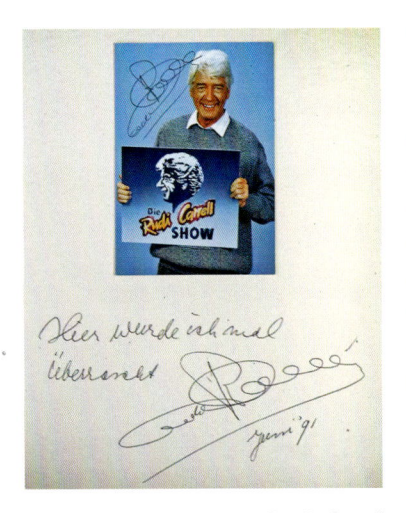

Bei der ersten Open-Air-Ausgabe von „Wetten dass", welche am 29. Juni 1991 im Amphitheater des APX stattfand, begrüßte der damalige Moderator Thomas Gottschalk auch ein Urgestein der deutschen Fernsehunterhaltung – Rudi Carrell. Aufgrund der Nähe Xantens zur niederländischen Grenze muss dem holländischen Moderator und Sänger dieser Auftritt fast als Heimspiel vorgekommen sein.

Gästebucheintrag von Rudi Carell 1991.

Bei dieser Live-Sendung fuhr auch Carrell, wie die weiteren prominenten Gäste der damaligen Ausgabe von „Wetten dass", Michael Schanze, Carolin Reiber, Wolfgang Lippert, Fritz Egner und Gunther Emmerlich, auf einem römischen Wagen in die Arena ein. Hierbei lief nicht alles, wie vorab geprobt und mit der Regie abgesprochen, ab: Plötzlich stürzte Rudi Carrell bei voller Fahrt auf den Boden. Die über 3.000 Zuschauer hielten den Atem an. Was wie zufällig aussah, war aber vorab im „Hotel van Bebber" erdacht und geplant worden. Hierbei spielte auch die Inhaberfamilie eine entscheidende Rolle: Anne van Dreveldt-Trautmann, die heutige Geschäftsführerin, berichtet, dass Carrell diese Idee im Hotel vorab besprochen habe.

Als Zeuge nennt die heutige Chefin ihren Vater, Carl-Hugo van Dreveldt. Er gilt sogar als Ideengeber für die Aktion, die in der Folgewoche in vielen überregionalen Tageszeitungen diskutiert wurde. „Lieber Herr Carell. Lassen Sie sich doch bei der Einfahrt als besondere Überraschung einfach aus dem Wagen fallen …", so riet der damalige Hotelchef dem berühmten Fernsehmoderator.

Bei seinem Aufenthalt im Hotel zog sich Rudi Carrell wiederholt in das im Landhausstil gehaltene Zimmer Nr. 202 zurück und schaute alle verfügbaren politischen Fernsehsendungen (wobei hiermit nicht „Rudis Tagesschau" gemeint ist), da er politisch besonders interessiert war. Auch der parallel stattfindende Aufenthalt der „Scorpions" im Hotel, deren Bandmitglieder hier für ihr Album „Crazy World" und somit auch für den Wendehit „Wind of Change" mit Platin ausgezeichnet wurden, erfreute den niederländischen Entertainer sehr.

Glaubt man den Aussagen einiger Hotelgäste, hat Rudi Carrell im Restaurant sogar spontan seinen Erfolgsschlager „Wann wird es endlich wieder Sommer" zum Besten gegeben. Sein Eintrag im Gästebuch fasst die Ereignisse im Frühsommer 1991 passend zusammen: „Hier wurde ich mal überrascht …". Ja, für manch eine Überraschung oder gute Idee, besonders für seine Angestellten, ist der heutige Seniorchef auch noch im Jubiläumsjahr 2014 gut.

1991 Platin für einen Welthit – die „Scorpions" im „Hotel van Bebber"

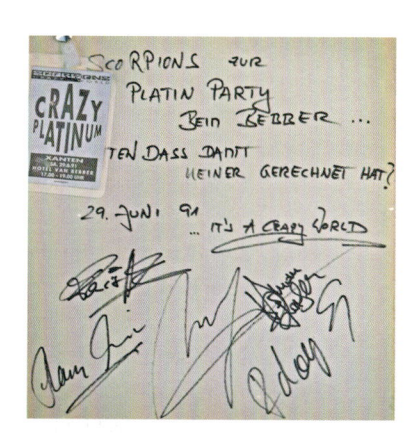

Gästebucheintrag der „Scorpions".

Es ist unzweifelhaft, dass die Hannoveraner Rockband „Scorpions" mit dem Song „Wind of Change" die Hymne über das Ende des „Kalten Krieges" geschaffen haben. Auch in den USA erfreut sich die Band bis heute einer ungeheuren Beliebtheit. Es ist fast unglaublich, dass Klaus Meine und Co. gerade in der beschaulichen Römerstadt Xanten und im „Hotel van Bebber" eine besondere Auszeichnung, nämlich die erste Platinprämierung, für ihr bislang weltweit erfolgreichstes

Album „Crazy World" überreicht bekommen haben: Der Mantel der Musikgeschichte hatte wieder einmal, wie schon bei Engelbert Humperdinck am Ende des 19. Jahrhunderts, das Traditionshaus an der Klever Straße umweht. Welches Hotel am Niederrhein kann schon von sich behaupten, innerhalb von noch nicht einmal 150 Jahren, mehrfach die bekanntesten und populärsten Musiker ihrer Zeit beherbergt zu haben?

Im November 1990 veröffentlichten die „Scorpions" das Album „Crazy World". Neben dem Super-Hit „Wind of Change" sind auf „Crazy World" weitere Songs zu finden, die sich zu Klassikern entwickelten – beispielsweise die Ballade „Send me an Angel" und das Stück „Tease me, Please me". Ein Jahr später lud der damalige sowjetische Präsident Michail Gorbatschow übrigens die „Scorpions" als erste westliche Rockband in den Kreml ein. Insgesamt kann das Jahr 1991 als das erfolgreichste Jahr in der Geschichte der Band angesehen werden: „Wind of Change" erreichte in elf Ländern Platz eins der Hitparaden und wurde zur erfolgreichsten Single des Jahres weltweit. Auch das Album Crazy World, wofür die Band im „van Bebber" ausgezeichnet wurde, erreichte Top-Platzierungen auf allen Kontinenten. Ohne ihre Teilnahme an der Sendung „Wetten dass" wäre diese Auszeichnung sicherlich an einem anderen Ort vorgenommen worden. „Scorpions zur Platin Party. Bein (sic!) van Bebber. Wetten dass damit keiner gerechnet hat? 27. Juni 1991 … It´s a Crazy World", schrieb Klaus Meine als Leadsänger, wahrscheinlich schon zu fortgeschrittener Stunde, in das Gästebuch.

Um die weltberühmte Band vor Autogrammjägern zu schützen, fungierte der damalige Hotelchef, Carl-Hugo van Dreveldt, sogar als Türsteher am Haupteingang. Seine Familie berichtet übereinstimmend von der sehr sympathischen, bescheidenen und freundlichen Art der Bandmitglieder.

1992-1996 „Der kleine Vampir", „Rennschwein Rudi Rüssel" und Co. – Das Hotel dient wieder als Herberge für berühmte deutsche Schauspieler

Zu Beginn der 1990er Jahre war das „Hotel van Bebber", nach den UFA-Filmen in den 1940er Jahren, wieder einmal Mittelpunkt und Herberge von bekannten deutschen Schauspielern, die bis heute erfolgreiche Film- und Fernsehproduktionen am Niederrhein drehten.

Eine ausgesprochene Kultserie der frühen 1990er Jahre stellt der „Kleine Vampir" dar. Die Dreharbeiten zur Serie mit 13 Episoden mit je 30 Minuten wurden vom 28. April bis zum 27. November 1992 durchgeführt. Drehorte waren neben Xanten auch Düsseldorf, Duisburg, Wuppertal und Verviers in Belgien.

In Xanten wurden vor allem die bis heute bekannten Szenen in und an einer Mühle abgedreht. Eine acht Meter hohe Rekonstruktion dieses Bauwerkes wurde ganz in der Nähe des Privatgrundstückes von Familie van Dreveldt auf der Bislicher Insel errichtet. Auch im Innenhof des Guthofes wurde gedreht.

Unter anderem spielten in der bis heute erfolgreichsten Kinderserie in Deutschland Peter Lohmeyer („Das Wunder von Bern"), Matthias Rutschke, Klaus Dahlen („Ein Herz und eine Seele") sowie Dominique Horwitz mit. Regie führte Christian Görlitz. Die Erstausstrahlung erfolgte im Dezember 1993 in der ARD. Zahlreiche damalige Schulkinder aus Xanten, so auch die Frau des Verfassers, fungierten als Komparsen.

Wie wir aus den Gästebucheinträgen und aus den Erzählungen von Familie van Dreveldt wissen, fühlten sich die Schauspieler im Haus besonders wohl. Vor allem zum Regisseur Christian Görlitz entstand ein fast freundschaftlicher Kontakt. Besonders stolz berichtete er später der Geschäftsführung über eine Nominierung zum „Grimme-Preis".

Die im Gästebuch angekündigte „Drohung" des Regisseurs Görlitz machte er später wahr.

Auch bei der Fortsetzung „Der kleine Vampir – Neue Abenteuer", ein Jahr später, waren Mitglieder der bewährten Crew wieder Gäste im Traditionshaus an der Klever Straße.

Im Juli 1995 wurde auch der heute als Kultfilm geltende Streifen „Rennschwein Rudi Rüssel", nach dem gleichnamigen Jugendbuch von Uwe Timm, teilweise in Xanten gedreht. Mitglieder der Filmcrew logierten vom 13. bis 25. Juli im „Hotel van Bebber". Die Handlung des Buches spielt übrigens überwiegend in der Lüneburger Heide.

Deutschlandweit bekannte Stars, wie Iris Berben und Ulrich Mühe, Cora Sabrina Grimm, Konstantin von Jascheroff sowie Kristina Pauls fungierten als Hauptdarsteller bei der Verfilmung des gleichnamigen Kinderbuches. Der Film wurde zu einem Kassenschlager und von der Zeitschrift „Blickpunkt" als ein „vergnüglicher Kino-Spaß für die ganze Familie" bewertet. Ein Jahr später gewann die Produktion unter anderen den „Bayerischer Filmpreis" in der Kategorie Kinderfilm. Drehort war neben Xanten auch Duisburg.

Produktionsbild von „Der kleine Vampir".

Wie Familie van Dreveldt berichtet, lernte Kristina Pauls während der Drehpausen fleißig für die Schule, da sie damals erst zehn Jahre alt war und keinen Stoff versäumen wollte. Iris Berben haben sie als freundlich, aber anspruchsvoll in Erinnerung. Sie frühstückte jeden Tag auf ihrem Zimmer, um Autogrammjägern zu entgehen.

Ein Jahr nach „Rennschwein Rudi Rüssel" waren im „van Bebber" erneut bekannte Schauspieler zu Gast. Der Projekttitel des neuen Films von Christian Görlitz lautete „Tod oder Lebendig". Die Dreharbeiten in Xanten und Umgebung dauerten von Juli bis Oktober 1996.

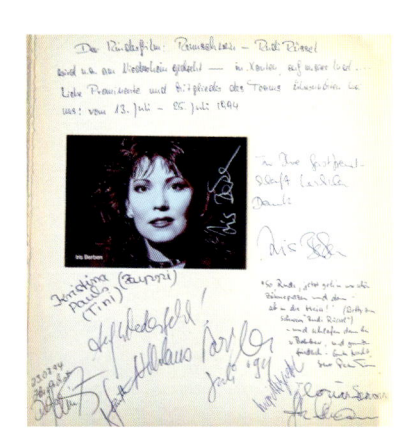

Gästebucheintrag der Crew mit Iris Berben.

Der eindrucksvolle Fernsehfilm, der „Mord und Inzest in einer deutschen Kleinstadt" (Christian Görlitz) thematisierte, wurde 1998 unter dem Titel „Das Böse" im Fernsehen erstmals gesendet. Bekannte Schauspieler der Produktion waren unter anderem Annett Renneberg, Ulrich Tukur, Edgar Selge und Burghart Klaußner. Alle waren im Hotel an der Klever Straße untergebracht. Ulrich Tukur spielte jede freie Minute auf dem hoteleigenen Klavier.

Ein Jahr zuvor hatte Christian Görlitz für den Fernsehfilm „Freier Fall" (endlich) den Grimme-Preis erhalten. Bis heute erinnert sich Familie van Dreveldt sehr gerne an den bekannten deutschen Regisseur, der übrigens auch die erste Episode der beliebten Reihe „Bella Block" mit Hannelore Hoger inszeniert hat.

1994/1995 Erweiterung und neue Investitionen – Das „van Bebber" wird das erste „First Class Hotel in Xanten"

Die 1994 neu eröffnete „Hubertus-Stube" wurde mit ausgesuchten Antiquitäten ausgestattet.

Die Mitglieder der Familie van Dreveldt nehmen die Glückwünsche zur Erweiterung des Hauses entgegen. Von links nach rechts: Anne van Dreveldt-Trautmann, Carl-Hugo van Dreveldt, Dr. Axel van Dreveldt, Getraude van Dreveldt, Prof. Dr. Dr. Jochem Küppers.

Nur sieben Jahre nach dem Erwerb des Hotels durch Familie van Dreveldt konnte in Anwesenheit von über 300 geladenen Gästen im westlichen Bereich des Grundstücks ein Neubau, der sich bis heute harmonisch in die Gesamtarchitektur des Hauses aus dem Jahr 1784 einfügt, eröffnet werden. Das Hotel beschäftigte zum Zeitpunkt der Erweiterung 30 Mitarbeiter.

Mit der Planung und Durchführung wurde auch eine neue Schauseite in Richtung Westwall geschaffen, die ebenfalls heute zu den beliebtesten Fotomotiven in Xanten gehört. Dieses ist sicherlich als Kompliment für eine eindrucksvolle Verbindung zwischen alter und neuer Bausubstanz zu verstehen – beide Gebäudeteile, alt wie neu, bilden – innen wie außen – heute eine Einheit. Bereits im 19. Jahrhundert stand hinter dem alten Packhaus eine alte Scheune, die mit einem benachbarten Grundstück in den Neubau einbezogen wurden.

Auch die neue „Hubertusstube" sowie das Frühstückszimmer „Viktor" mit Spiegeldecke im Erdgeschoss, die mit zahlreichen Jagdtrophäen und Bildern der Inhaberfamilie ausgestattet wurden, verraten kaum, dass es sich hierbei um einen Neubau der 1990er Jahre handelt. Stil, Komfort und eine persönliche Note prägen diesen Bereich des „Hotel van Bebber" bis heute. Zukunftsweisend war damals auch die Tatsache, dass man beide Räume auch für Tagungen nutzen kann.

Das Übernachtungsangebot konnte im Jahr 1994 im Obergeschoss um weitere 19 Zimmer im Landhausstil, teilweise mit Balkon, entscheidend erweitert werden. Ein Umstand, der auch der damals steigenden Zahl von Touristen in Xanten sowie den vielen Tagungsgästen im Hotel geschuldet war. Bedenkt man, dass bis zu diesem Zeitpunkt 14 Hotelzimmer angeboten werden konnten, kann man sicherlich von einem Quantensprung sprechen. Über 1.050 Quadratmeter Hotelfläche wurden neu geschaffen.

Der damalige Bürgermeister, Alfred Melters, schwärmte bei der Einweihung des Anbaus, dass das Hotel nun einzigartig am Niederrhein sei. Zu diesem Anlass wurde übrigens auch die heute noch bestehende Rezeption in den hinteren Bereich verlegt und neu gestaltet. Zusammenfassend ist festzuhalten, dass Familie van Dreveldt mit dieser Investition das Hotel entscheidend vergrößert und eine der größten baulichen Maßnahmen in der Geschichte des Hauses geschaffen hat.

Ein Jahr später, 1995, wurde das erweiterte Haus schließlich als „First Class Hotel" mit vier Sternen klassifiziert. Zweifelsohne ein großer Tag in der traditionsreichen Geschichte des Hauses.

1996 Die spätere Bundeskanzlerin zu Gast im „Hotel van Bebber" – Angela Merkel

Heute wäre es wohl wie ein „Sechser im Lotto", wenn es gelänge, unsere Bundeskanzlerin, Frau Dr. Angela Merkel, für eine Veranstaltung in Xanten gewinnen zu können. Kaum bekannt ist, dass Angela Merkel im Mai 1996 zu Gast an der Klever Straße gewesen ist. Familie van Dreveldt erinnert sich noch sehr gut an eine bescheidene und sympathische Frau, die zu dieser Zeit Bundesministerin

Für Tim Michalak

Eine aktuelle Autogrammkarte von Dr. Angela Merkel mit Widmung für den Autor dieses Buches.

Die damalige Bundesministerin für Umwelt trägt sich in das Gästebuch des Hauses ein.

für Umwelt, Naturschutz und Reaktorsicherheit im Kabinett von Helmut Kohl war (1994-1998).

Die heutige Bundeskanzlerin nahm damals an einer Tagung im „Hotel van Bebber" teil. Hierbei ging es unter anderem um die Frage des Deichausbaus im Bereich der Bislicher Insel, welche die Teilnehmer zuvor bei einer ausführlichen Führung kennen gelernt hatten. Wie der Verfasser aus dem direkten Umfeld der Bundeskanzlerin erfahren hat, erinnert sich Frau Dr. Merkel noch im Jubiläumsjahr gerne an Ihren Besuch in Xanten, auf der Bislicher Insel und im „Hotel van Bebber".

Ihr Weg an die Spitze der CDU begann zwei Jahre nach ihrem Besuch in Xanten – 1998. In diesem Jahr wurde sie zur Generalsekretärin ihrer Partei gewählt. Frau Dr. Merkel ist seit dem 22. November 2005 – mittlerweile in der dritten Amtsperiode – als „Chefin" von unterschiedlich zusammengesetzten Koalitionsregierungen deutsche Bundeskanzlerin. Sie wurde als erste Frau und zugleich als achte Person in der Geschichte der Bundesrepublik in dieses Amt gewählt. Wie wir heute aus ihrem Eintrag im Gästebuch deuten können, hat sie sich bei ihrem Aufenthalt im Haus wohl gefühlt: „Einen herzlichen Dank für die freundliche Bewirtung und alles Gute für die Zukunft. Angela Merkel. 28.5.96".

1998 „Die beste Band der Welt zu Gast" – „Die Ärzte" und die Rheumadeckenvertreter

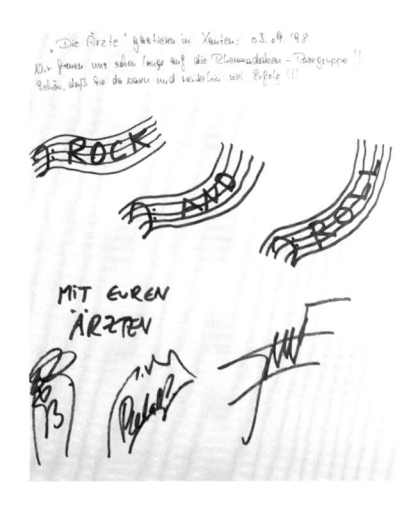

Gästebucheintrag der Bandmitglieder „Die Ärzte" 1998.

Im Juni 2001 erhielt das Hotel eine etwas merkwürdige Buchungsanfrage: Eine Reisegruppe mit Vertretern für Rheumadecken bat um eine Reservierung von drei Hotelzimmern. Xanten als Ort für Kaffeefahrten? Das kannte auch Familie van Dreveldt bislang nicht. Am 30. Juni 2001 fuhr schließlich ein schwarzer Kleinbus vor dem Haupteingang vor. Neben den getönten Scheiben fiel vor allem der markante Schriftzug „Die Ärzte" auf. Auch die drei Personen, die aus dem Bus stiegen, hatte die Hotelleitung schon einmal irgendwo gesehen … Zuordnen konnte man die neuen Gäste aber zunächst nicht.

Die drei Mitglieder der neben den „Toten Hosen" bekanntesten Punk-Band gaben in Xanten ihr letztes Konzert ihrer damaligen Tournee. Wie es sich für einen echten Niederrheiner gehört, dessen Herz für die lokale Band „Die Toten Hosen" schlägt, schließlich ist Düsseldorf nicht weit, war Anne van Dreveldt-Trautmann (zunächst) kein Fan der „Ärzte".

Wie bei Thomas Gottschalk belagerten auch diesmal Fans jeglicher Couleur das Hotel. Autogramme der Band wurden zeitweise zur wertvollsten Währung in der alten Römerstadt. Innerhalb des Hotels waren die Mitglieder der Band, ganz im Gegensatz zu ihrem Image, brave und gern gesehene Gäste. Anne van Dreveldt-Trautmann begeisterte sich schnell für den Leadsänger, Farin Urlaub: „Er war ruhig und total sympathisch. Er traute sich an der Rezeption kaum etwas zu fragen, so zurückhaltend war er".

Am Abend des 30. Juni wurden „Die Ärzte" mit ihrem schwarzen Bus direkt in das Amphitheater des APX gefahren. Unvergessen ist, dass sich Bela B., der einige Jahre später (2013) mit seiner eigenen Band im Schützenhaus auftreten sollte – im Hotelzimmer seine Haare schwarz färben musste. Das benutzte hoteleigene Handtuch musste von Familie van Dreveldt als „Totalverlust" verbucht werden. Die Backstage Party, die nach dem Konzert im APX im Hotel stattfand, dauerte bis in die frühen Morgenstunden. Trotzdem verpasste keiner der Bandmitglieder das beliebte Frühstück. Das Auschecken verlief ziemlich hektisch. Zwei Seesäcke Gepäck blieben im Hotel zurück. Sie wurden auf Rechnung des Managements nachgeschickt. Die Anweisung lautete: „Egal was es kostet". Ein derartiger Service ist in einem „First Class Hotel" natürlich ein ungeschriebenes Gesetz.

Ein Lied über Xanten, wie zum Beispiel über Westerland/Sylt, haben die Ärzte leider bis heute nicht veröffentlicht ... Ein möglicher Songtitel, eingetragen von einem Bandmitglied, ist im Gästebuch zu lesen: „Nettes Städtchen, gute Römer". Genauso wenig hat die „Beste Band der Welt" Rheumadecken in Xanten verkauft. Tarnung ist alles.

Die Parade des Bundeschützenfestes vor dem „Hotel van Bebber".

2003 Bundesschützenfest in Xanten

Die St. Viktor-Bruderschaft organsierte vom 12.-14. September 2003 in Xanten eine Veranstaltung der Superlative: 25.000 Schützen und Honoratioren aus dem gesamten Bundesgebiet, mehr als Xanten Einwohner hat, kamen in die alte Römerstadt und marschierten, ausgehend vom APX, durch die historische Kernstadt.

Hinzu kamen tausende Besucher auf den Straßen, die sich bei strahlendem Sonnenschein, so die Lokalpresse, kaum an den schönen Uniformen satt sehen konnten und lautstark Beifall klatschten. Am Schießwettbewerb beteiligten sich über 100 Bezirkskönige. Bei der Festmesse am Sonntag, im Archäologischen Park, wurden fast 30.000 Teilnehmer gezählt. Der Schirmherr, Emil Underberg, – seit vielen Jahren mit dem „Hotel van Bebber" freundschaftlich verbunden – konnte anschließend eine sehr erfolgreiche Veranstaltung bilanzieren.

Das offizielle Programm zum Bundesschützenfest 2003 in Xanten.

Hochmeister Hubertus Prinz zu Sayn-Wittgenstein, der natürlich an der Klever Straße übernachtete, trug sich in das Goldene Buch der Stadt Xanten ein.

Das offizielle Antreten und die Eröffnung des gesamten Festprogramms wurden am Freitag, den 12. September um 17.00 Uhr, vor dem „Hotel van Bebber" durchgeführt. Im damaligen Gästebuch finden sich zahlreiche Einträge von Offiziellen aus ganz Deutschland und zahlreichen Schützenmeistern, die während der Veranstaltungstage im Hause wohnten. Nicht nur für die Stadt Xanten, sondern auch für das Traditionshotel, war das Bundesschützenfest 2003 eine der größten Veranstaltungen, die hier in den letzten Jahrzehnten organisiert und gefeiert wurden.

Vertreter der Lions-Clubs Xanten und Salisbury (Partnerstadt von Xanten) besiegeln am 29. Oktober 2013 im „Fürstenzimmer" ihre Jumelage.

2004 Neugründung im neuen Clublokal „Hotel van Bebber" – der Lions-Club Xanten

Dass auch Neubürger gute Ideen in die Tat umsetzen können, bewies der ehemalige Duisburger Ratsherr Franz Karl Peiss im Jahr 2004, als er in Xanten Mitstreiter für die (Neu)Gründung eines Lions-Clubs suchte und fand. Schnell war klar, dass als Clublokal nur das traditionsreiche Hotel an der Klever Straße in Frage kommen würde. Peiss konnte 25 Gründungsmitglieder gewinnen. Das Ziel des Xantener Lions-Club kann man bis heute wie folgend definieren: „Gemeinsam etwas Gutes tun" und „tatkräftig für die Schwächeren in unserer Gesellschaft einzutreten".

Im Lions-Club Xanten sind auch heute noch die verschiedensten Berufsgruppen vertreten, die ihre unterschiedlichen Erfahrungen und Kenntnisse gemeinsam für ausgewählte wohltätige Zwecke nutzen wollen. Im Vordergrund stehen hierbei lokale Projekte und der Erfahrungsaustausch untereinander. Besonders bekannt und beliebt ist in Xanten und Umgebung der Lions-Adventskalender, der in der Weihnachtszeit für einen Festpreis erworben werden kann und zahlreiche attrak-

Der heutige Hoteleingang mit den Schildern des „Lions-Club Xanten" sowie des örtlichen Rotary-Clubs (rechts).

tive Preise beinhaltet. Die Seniorchefin des „van Bebber", Getraude van Dreveldt, ist von Beginn an aktive Clubmasterin der wohltätigen Organisation.

Die Gründungsfeier des Lions-Club im Hotel knüpfte mit musikalischen Darbietungen der Dommusikschule an Traditionen des Hauses als ein kulturelles Zentrum Xantens im 19. und frühen 20. Jahrhundert an. Die feierliche Veranstaltung, welche von einem „dezent-feierlichen Flair durchweht wurde", so die Rheinische Post, wurde ganz im Sinne der weltweiten Lions-Idee begangen. Auch im Jubiläumsjahr 2014 treffen sich alle Mitglieder des Lions-Clubs regelmäßig im „Hotel van Bebber". Das „Hotel van Bebber" ist seit vielen Jahren ebenfalls Club-Lokal des „Rotary-Club Xanten".

2004 „In die Ausbildung investieren" – Catrin Biermann steht stellvertretend für viele Ausbildungserfolge des Hauses nach 1989

Nach Christian de Bück im Jahr 2002 konnte 2004 wieder eine Auszubildende in „Xantens erster Adresse", so die Rheinische Post, den begehrten Titel der Niederrhein-Meisterschaft des Deutschen Hotel- und Gaststättenverbands (DEHOGA) gewinnen. Catrin Biermanns Motto „immer Interesse, Bereitschaft und Einsatz zeigen" steht stellvertretend für viele Auszubildende, die von Familie van Dreveldt seit 1989 ausgebildet wurden. Jährlich wurden zu dieser Zeit drei Auszubildende eingestellt – eine stolze Zahl.

Die Urkunde von Catrin Biermann, ausgestellt von der DEHOGA Nordrhein.

Die 21-jährige Catrin Biermann ging in der Kategorie „Hotelfach" in Moers an den Start und setzte sich gegen 60 Mitbewerber eindrucksvoll durch. Warenkennung, das Fertigen von Blumengestecken sowie das Konzept eines Osterbrunches meisterte sie souverän. Das Preisgeld betrug 100 Euro.

Beim „Hotel van Bebber" schätze sie besonders einen „überschaubaren Betrieb mit der persönlichen Note". Besonders stolz war Biermann damals auf die persönliche Betreuung der prominenten Gäste, wie z. B. Jürgen Rüttgers, Wolfgang Clement und den Prinzen Hubertus zu Sayn-Wittgenstein.

Die Geschäftsführerin des Hotels, Anne van Dreveldt-Trautmann, betonte gegenüber der lokalen Presse, dass die Teilnahme an solchen Wettbewerben „eine sehr schöne Vorbereitung auf die Abschlussprüfung nach insgesamt drei Jahren sei". Catrin Biermann wurde von der Prüfungskammer zum Abschluss ihrer Ausbildung als Jahrgangsbeste ausgezeichnet. Vorher hatte sie weitere, vergleichbare Wettbewerbe in der Region, so zum Beispiel im Essener Handelshof, gewonnen. Ihr weiterer beruflicher Weg führte sie anschließend nach Velen ins Münsterland, wo sie als „Comis de Rang" arbeitete.

> **Famílie van Dreveldt**
>
> Nicht nur in der **Römer- und Siegfriedstadt Xanten** sind wir – das historische „**Hotel van Bebber**" – die gastronomische Nr. 1. Nach unserer hundertprozentigen Erweiterung benötigen wir zur Unterstützung **im Service und in der Küche**
>
> **Chef de rang**
> **Commis de rang**
> **Commis de cuisine**
>
> Konnten wir Ihr Interesse wecken?
> Wir bieten allerlei! Rufen Sie uns an:
> Ihr Ansprechpartner ist **Frau van Dreveldt**.
>
> **Hotel van Bebber**
> Klever Straße 12, 46509 Xanten, Telefon (0 28 01) 66 23

Ein Jahr später, 2005, wurde auch das Xantener Traditionshaus von der Niederrheinischen Industrie- und Handelskammer für ein hervorragendes Engagement in der dualen Ausbildung geehrt. Eine Auszeichnung, die auch die besondere Qualität und Tradition des Hauses insgesamt widerspiegelte. Bis heute liegt der Geschäftsführung eine qualitativ gute und erfolgreiche Ausbildung sehr am Herzen. Seit 1989 haben über 80 Auszubildende ihre Prüfung erfolgreich abgeschlossen.

2005 „Kochen wie die Profis" – die „Miniköche" erobern das Hotelrestaurant

Was führte Moritz Trapp und Fabian Korth im Januar 2005 gemeinsam ins „Hotel van Bebber"? Sie traten als so genannte „Miniköche" zu einem einzigartigen Wettbewerb an. So einen Trubel hatte die traditionsreiche und überregional bekannte Küche bis dato wohl noch nicht erlebt: 41 (!) junge Herren und Damen der Gruppe „Europa Miniköche Wesel" wirbelten das Hotel ganz

Gruppenfoto der „Miniköche" vor dem Hotel.

schön durcheinander. Kochshows und Restauranttester wie z. B. „Das Kochduell" oder die Sterneköche Rosin und Rach, die die deutsche Fernsehlandschaft bis heute prägen, steckten damals noch in den Kinderschuhen bzw. waren noch nicht einmal erfunden.

Unter der Anleitung der bewährten Hotelcrew konnte ein schmackhaftes Essen für die Eltern der jungen Kochkünstler vorbereitet und präsentiert werden. Für das Hotel und sein Restaurant stellte dieses Event eine schöne Marketingmaßnahme dar, die in der regionalen Presse umfangreich begleitet wurde.

Einladung zum Event der „Miniköche".

Das Motto des Abends lautete, passend zum Ambiente der historischen Kernstadt, „Ein Ritteressen". Gemeinsam mit dem damaligen Koch, Martin Neuhaus, wurden Speisen gezaubert und sogar aus Butter modellierte Burgen gestaltet. Der ehemalige Oberkellner, Thomas Mömken, unterrichtete die Teilnehmer auch in der hohen Kunst des perfekten Servierens: „Im Flur herrscht absolute Stille", so lautete abschließend das Credo des langjährigen Mitarbeiters.

Die fast 90 Gäste im Hotelrestaurant waren von den Kochkünsten der jungen Leute absolut überzeugt. Ob aus dieser Gruppe später richtige Profiköche hervorgegangen sind, ist nicht überliefert.

2007 Der Kabarettist Dieter Hildebrand lobt im Gästebuch die Atmosphäre des Hauses

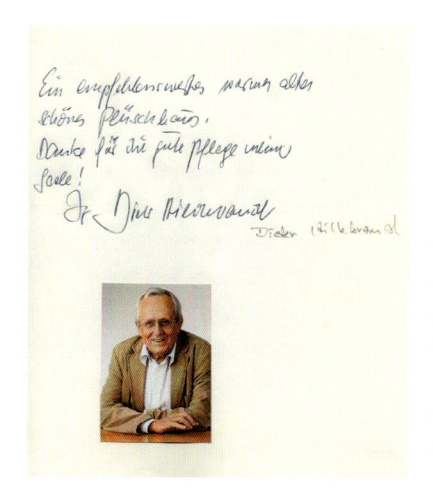

„Ein empfehlenswertes warmes altes Plüschhaus. Danke für die gute Pflege meiner Seele. Ihr Dieter Hildebrandt"

Selten hat ein berühmter Gast einen solchen „warmen" Eintrag, der fast einer Liebeserklärung gleich kommt, in das Gästebuch des „Hotel van Bebber" eingetragen. Dieter Hildebrand war anlässlich einer Lesung am Niederrhein Hotelgast an der Klever Straße. Der Mitbegründer der Münchener Lach- und Schiessgesellschaft gehörte bis zu seinem Tod zu den profiliertesten Köpfen der deutschen Intellektuellenszene in der Nachkriegszeit. Noch kurz vor seinem

Gästebucheintrag von Dieter Hildebrand 2007.

Tod hielt er pro Jahr 180 Lesungen oder trat mit seinem jeweiligen Bühnenprogramm in der ganzen Bundesrepublik auf.

Hildebrand verstarb im Alter von 86 Jahren am 20. November 2013 in München. Am Vormittag seines Todestages hatte eine große deutsche Boulevardzeitung noch seine Krebserkrankung, „angereichert" mit einem Zitat von Hildebrandt „Tot bin ich noch lange nicht" öffentlich gemacht. Die Mitarbeiter des Hauses erinnern sich noch heute sehr gerne an einen besonderen, bescheidenen und sehr sympathischen Gast.

2007 Peter Maffay wieder einmal in Xanten

Peter Maffay – wer diesen Namen hört, denkt sofort an „Tabaluga", „Josie", „Es war Sommer" oder einfach nur an einen der beliebtesten Rocker Deutschlands.

„Herzlichen Dank für alles. Bis hoffentlich bald wieder", ist im Gästebuch zu lesen.

Peter Maffay kannte Xanten bereits, als er wieder einmal Gast bei Familie van Dreveldt war. Auch er gehört zur prominenten Gruppe der international bekannten Künstler, die Anfang der 1990er Jahre im Amphitheater des Archäologischen Parks aufgetreten sind.

Eintrag im Gästebuch von Peter Maffay 2007.

2007 besuchte Peter Maffay die alte Römer- und Siegfriedstadt für einen guten Zweck: Die vom Landschaftsverband Rheinland organisierte Veranstaltung für Menschen mit und ohne Handycap war hierfür der ideale Anlass. „Der Tag der Begegnung im APX bot manches Highlight. So sorgte am Abend die Kölsch-Rock-Band Brings für ausgelassene Stimmung. Am Nachmittag kam Musiker Peter Maffay in den APX. Geplant war kein Konzert, sondern die Auszeichnung für sein Engagement. Er ist der erste Musiker, der vom Landschaftsverband Rheinland (LVR) mit dem neuen Ehrenpreis für Soziales Engagement gewürdigt wurde", so berichtete eine Lokalzeitung wenige Tage später.

„Was wir brauchen, ist jede Form von Zusammenarbeit, von Solidarität mit Schwachen", meinte Peter Maffay nach der Übergabe. Die Auszeichnung sei für ihn die Herausforderung weiterzumachen. „Unsere Solidarität ist aber nur so gut, wie wir diese Ziele umsetzen und Barrieren und Vorurteile abbauen", so Maffay gegenüber der Rheinischen Post.

Auch einen Profi und Macher wie Maffay ließen die Überraschungen bei dieser Veranstaltung im APX nicht kalt. So wurden Schüler der Primarstufe der Rheinischen Förderschule Düsseldorf, Schwerpunkt Hören und Kommunikation, auf die Bühne in der Arena gebeten.

Autogrammkarte Peter Maffay.

Sie wollten als Anerkennung für Peter Maffay das seit Monaten geprobte und beliebte Lied „Sonne in der Nacht" singen. Da ihnen jedoch die Aufregung ein wenig einen Strich durch die Rechnung gemacht hatte, zeigte Maffay spontanen Einsatz und Verständnis, griff zum Mikro und beehrte die Arena mit einem ungeplanten Live-Auftritt als Sänger.

Peter Maffay kam nach diesem Event mehr als beeindruckt in das „Hotel van Bebber" zurück und konnte nicht aufhören, lobende Worte über die Stadt Xanten und diese gelungene Veranstaltung zu artikulieren. In seiner Freizeit saß er häufiger an einem Tisch vor dem Hotel an der Klever Straße und gab den vorbeigehenden Passanten gerne Autogramme und freute sich auch über einen netten Plausch. „Starallüren? Nein, die hatte Peter Maffay ganz bestimmt nicht", so beschreibt Anne van Dreveldt-Trautmann den beliebten Sänger und Schöpfer von Tabaluga.

Hauseigene Werbung der Familie van Dreveldt.

2011 Der spätere Bundespräsident Joachim Gauck übernachtet im „Hotel van Bebber"

Zugegeben, bei seinem Besuch am 1. Februar 2011 in Xanten, war der ehemalige Pfarrer und Bürgerrechtler aus Rostock, Joachim Gauck, noch nicht erster Mann im Staate.

Wenige Monate zuvor, am 30. Juni 2010, hatte er sich bei der Wahl zum 10. Präsidenten der Bundesrepublik Deutschland im Berliner Reichstag noch Christian Wulff geschlagen geben müssen. Am 18. März 2012 wurde Joachim Gauck schließlich doch noch zum zwölften Bundespräsidenten gewählt.

Autogrammkarte von Bundespräsident Joachim Gauck.

Sein Besuch in Xanten und somit im „Hotel van Bebber" erfolgte auf Einladung der örtlichen Volkshochschule: Joachim Gauck sollte aus seiner Autobiographie „Winter im Sommer, Frühling im Herbst" lesen. Es war zunächst geplant, die Veranstaltung im Sitzungssaal des Rathauses stattfinden zu lassen. Es wurde schnell deutlich, dass die Kapazität mit 120 Personen für den erwarteten Andrang zu klein sein würde. Schlussendlich verlegte man die Lesung in die mit 350 Zuhörern besetzte Mensa des Stiftsgymnasiums.

„Als Zeitzeuge und Pfarrer der evangelischen Kirche berichtete Gauck aus seiner Vergangenheit in der DDR, von Macht und Ohnmacht in einer Diktatur und den ganz normalen Problemen des täglichen Lebens bis 1989. Fast drei Stunden zog der heutige Bundespräsident sein Publikum in Xanten mit seinen Schilderungen, die überwiegend frei vorgetragen wurden, in seinen Bann", so ist in der damaligen Lokalpresse zu lesen.

Joachim Gaucks Aussage über die „Kaste der Politiker", welche er während seiner Lesung im Stiftsgymnasium geäußert hat, möchte der Chronist an dieser Stelle nicht auslassen: „Bei uns gibt es eine große Bandbreite zwischen bekloppt und begnadet". Abschließend hatte der heutige Bundespräsident auch noch eine Botschaft für die Xantener Bevölkerung parat: „Wenn ich nach der nächsten Wahl wiederkomme und Sie waren nicht wählen, dann kriegen Sie es mit mir zu tun!" Heute würde er eine solche deutliche Aussage als Bundespräsident sicherlich nicht mehr machen. Aber wer konnte Anfang Februar 2011 ahnen, dass mit Joachim Gauck der kommende Bundespräsident in Xanten zu Gast sein würde.

Gästebucheintrag des heutigen Bundespräsidenten 2011.

„Mit Dank für die gastliche Aufnahme. Joachim Gauck. 1./2.2.2011", ist im Gästebuch zu lesen.

2011 Die „Supernase" Mike Krüger zu Gast

„Schon in Hamburg sagte man, dass man hier gut wohnen kann. Der gute Ruf, bis dorthin schallt er, vielen Dank und Mein Gott Walther. Herzlichst. Mike Krüger".

Mit diesem Eintrag im Gästebuch könnte der berühmte deutsche Komiker und Vater des „Nippels" auch gerne Fernsehwerbung für das „Hotel van Bebber" machen. Aber Krüger bevorzugt im Moment immer noch eine große deutsche Baumarktkette.

Mike Krüger gehört zu den bekanntesten deutschen Komikern. Seine Evergreens „Mein Gott Walther" oder „Der Nippel" haben Generationen begeistert. Neben seinen erfolgreichen Stationen als Moderator von Samstagabend-Shows, wie

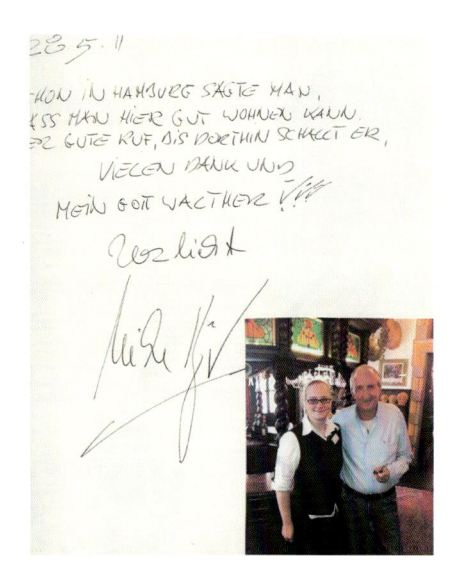

Gästebucheintrag von Mike Krüger 2011. An seiner Seite Frau Bock, Mitarbeiterin des Hotels.

z. B. „Vier gegen Willi" oder „Sieben Tage, Sieben Köpfe", ist er auch als Schauspieler in den 1980er Jahren in den Kassenschlagern „Die Supernasen", „Zwei Nasen tanken Super" oder „Seitenstechen" bekannt geworden. Zu erwähnen ist hierbei, dass sein kongenialer Filmpartner Thomas Gottschalk (s. o.) sowie der Regisseur dieser Filme, Dieter Pröttel, auch bereits Gäste des Hauses waren.

Mike Krüger wurde im Frühling 2011 für einen guten Zweck nach Xanten verpflichtet: Er war, wie vier Jahre zuvor Peter Maffay, Teil des Bühnenprogramms der Veranstaltung „Tag der Begegnung" im Archäologischen Park. Unter dem Motto „Vielfalt der Generationen" feierte der Landschaftsverband Rheinland am Samstag, dem 28. Mai 2011, den 14. „Tag der Begegnung". Zum bundesweit größten Familienfest für Menschen mit und ohne Behinderung kamen rund 24.000 Besucher.

2012 Matthias Opdenhövel moderiert „Brot und Spiele" im APX – Xanten ist wieder einmal Schauplatz einer großen Samstagabend-Show

Im Sommer 2012 war es nach 20 Jahren endlich wieder soweit: Das Amphitheater des Archäologischen Parks wurde erneut zum Übertragungsort einer großen Samstagabend-Show in der ARD zur besten Sendezeit. Schon einige Tage vorher mussten eine große Bühne und Flutlichtmasten aufgebaut werden.

Am 7. Juli 2012 wurde Xanten für einen Abend wieder zur zweitgrößten Stadt im römischen Niedergermanien: Legionäre, Gladiatoren und Senatoren führten

Zeichnung von Martin Hatscher, Ahlen (Westfalen).

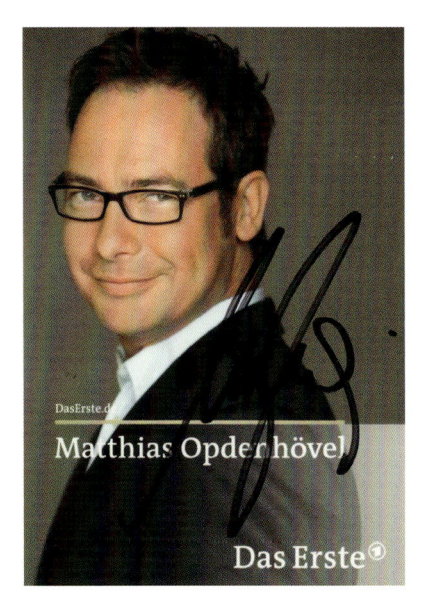

Autogrammkarte Matthias Opdenhövel.

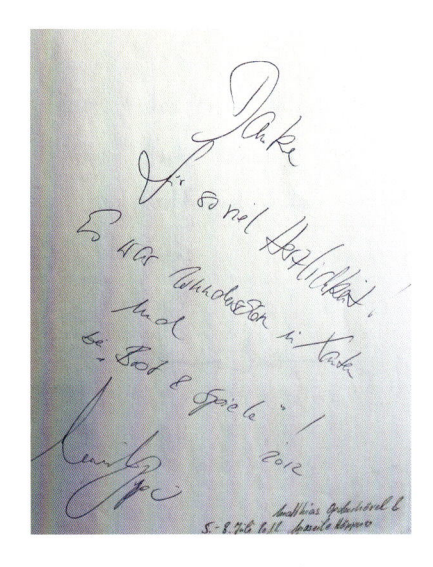

Gästebucheintrag Matthias Opdenhövel 2012.

live durch den Samstagabend zurück in die römische Geschichte Xantens. Prominente Gäste der Live-Show aus dem APX waren unter anderem Franziska van Almsick, Maite Kelly, Christine Neubauer, Andrea Kaiser, Henry Maske, Ralf Moeller, Bernhard Hoëcker, Mareike Höppner (Moderation) und Jens Riewa.

Der fast dreistündige Open-Air-Event mit historischen Wagenrennen, Gladiatorenkämpfen und viel Wissenswertem über das antike Rom war eine große Werbung für den Archäologischen Park und natürlich auch für die alte Römerstadt Xanten. „Mann gegen Mann, Arm gegen Reich, Team gegen Team: Mit viel Kraft, Wissen und Geschicklichkeit treten hier zwei prominent besetzte Mannschaften gegeneinander an, um die Gunst des Volkes und den Lorbeerkranz zu erringen".

Natürlich wohnten die Gastgeber des Abends, Matthias Opdenhövel und Mareike Höppner, wie auch schon viele Fernseh- und Filmstars vor ihnen, im traditionsreichen „Hotel van Bebber". Das Fazit im Gästebuch „Danke für so viel Herzlichkeit", freute Familie van Dreveldt ganz besonders. Im Jahr des Hoteljubiläums moderierte Opdenhövel übrigens unter anderem die Spiele des Fußball-Weltmeisters Deutschland bei der Fußball-WM 2014 in Brasilien.

„Lebendiges ‚Hotel van Bebber'"

Die Sonderaktionen von Familie van Dreveldt (1989-2014)

Einige ausgewählte „Sonderaktionen" und Veranstaltungen, die das Haus bis heute mit Leben füllen

- „Ein Abend für Gourmets". Hierbei wurden ganz besondere Kreationen innerhalb von Neun-Gänge-Menüs durch den damaligen Küchenchef Theo Büren, zu speziellen Themen mit jeweils korrespondierenden Weinen angeboten

- „Dinner-Show" mit Vier-Gänge Menü als Krimi-, Varieté- oder Musical-Veranstaltung („live")

- Jährliche Kunstausstellungen im Herbst, organisiert von Gertraude van Dreveldt, unter anderem mit Vernissagen vom Miro-Preisträger Will Cassel, Hein Driessen (zusammen mit Hanns-Dieter Hüsch und Norbert Schimmer), Brigitte Gilson

- Traditioneller Nikolausbrunch mit ausgesuchten vorweihnachtlichen Köstlichkeiten und Geschenken vom Nikolaus für jedes anwesende Kind

- Individuelle Weihnachtsfeiern mit Weihnachtsbaumschmücken

- Spezielle Menüs für die Gäste der Xantener Sommerfestspiele

- Silvesterevent mit geteiltem Sechs-Gang-Gala Dinner, Besuch der Silvesterkonzerte im Dom, Live-Musik und Tanz

- Konzert-Menüs anlässlich der ständigen Konzerte im St. Viktor-Dom

- „Jazz Piano live" – Swing, Blues, Balladen & Evergreens im „De Kelder"

- Monatliche Kochkurse – manche waren schon vor der Bekanntmachung ausgebucht

Beim „Küchen-Zirkus", einer der beliebten „Sonderaktionen", ging es schon einmal „heiß her".

- Tagungen mit persönlicher Betreuung und interessantem Begleitprogramm: Team-Trainings und Outdoor-Übungen, wie z. B. Floß-Bau an der Nordsee, Hochseilgarten auf zwei Ebenen, Schießen im Schießtunnel, kreativitätsfördernde Bausteine wie zum Beispiel römische Gemmen schneiden, Fibel biegen, Schreibtafel herstellen, Römische Wettkämpfe, Brötchen backen in der Kriemhildmühle mit anschließender Führung, Kanufahren, Wasserski oder Schnuppersegeln und vieles mehr

- Monatliche Themenbrunchs mit künstlerischem Programm

- Persönliche Degustation der Weine zu Geburtstagsveranstaltungen mit dem Seniorchef Carl-Hugo van Dreveldt

- Martinsgansessen mit lokalen Gänsen, die eigens auf der Bislicher Insel gezüchtet wurden

- Über 20 ausgearbeitete Arrangements zu wichtigen Terminen im Jahr, so zum Beispiel „Mittsommer" mit Flug-Trip in die Abendsonne, Winterveranstaltung

Festlich gedeckte Tische im Restaurant. Die Aufnahme stammt aus dem Jahr 2001.

mit Gänseführung auf der Bislicher Insel, „Happy-Weekend-Arrangement", Führungen durch die mittelalterliche Kernstadt oder durch den Dom

- Stände des Hauses zu besonderen Veranstaltungen in Xanten und bei Stadtfesten: „Pannekiekers Kochfest", „Kulinarische Meile", „Xantener Mittsommer", „Klein Montmartre", Weihnachtsmarkt, Weihnachtsfest der Gewerbetreibenden und Anwohner Klever Straße, Fischfest in Kalkar-Grieth, Frühlingsfest im Gewerbegebiet, Hochzeitsmesse Düsseldorf, Freizeitmesse Rheinberg, Touristik-Messe Utrecht und vieles mehr

- Die WDR Lokalzeit Düsseldorf drehte 2001 eine Woche im ganzen Haus und beschrieb in fünf Folgen den Arbeitsalltag im „Hotel van Bebber"

- Großes Jubiläumsprogramm 2014/2015 mit Konzerten, Ausstellungen, Lesungen, Kabarett, „Tag der Offenen Türe, historischen Hotelführungen und vielem mehr

Zusammengestellt von Gertraude van Dreveldt und Anne van Dreveldt-Trautmann

Zum Autor

Tim Michalak wurde 1973 in Duisburg geboren. Als Historiker und Germanist publiziert er seit Mitte der 1990er Jahre regelmäßig zu Themen der Stadt- und Regionalgeschichte; er schrieb Reiseführer und war für die Landeszentrale für politische Bildung NRW aktiv. Darüber hinaus ist er seit vielen Jahren mitverantwortlich für die Konzeption und Durchführung von Ausstellungen, Veranstaltungen und Gästeführungen im Ruhrgebiet und am Niederrhein. Zwischen 2001 und 2011 war der Autor unter anderem für das Weltkulturerbe Zollverein in Essen aktiv. Zudem fungierte Michalak zwischen 2003 und 2006 unter anderem als Projektleiter für wichtige Veranstaltungen des 250-jährigen Firmenjubiläums der Firma Franz Haniel und Cie. in Duisburg und war wissenschaftlicher Mitarbeiter am Haniel Museum. Tim Michalak lebt seit Anfang 2011 mit seiner Frau, einer gebürtigen Xantenerin, in der Domstadt. Seit Juni 2014 ist er als direkt gewählter Stadtverordneter Mitglied des Rates der Stadt Xanten. Tim Michalak ist zudem als Lektor für den Anno-Verlag für die regional(geschichtlich)en und überregionalen Themen tätig. Im Dezember 2013 legte er mit dem erfolgreichen Buch „Du mein Xanten" seine persönliche Liebeserklärung an seine neue Heimat im Anno-Verlag vor. Zudem wirkt Tim Michalak maßgeblich an der Organisation des begleitenden Jubiläums-Programms „230 Jahre Hotel van Bebber" mit. Parallel arbeitet er als Herausgeber an der ersten umfassenden Biographie über den weltbekannten Komponisten Engelbert Humperdinck.

Quellenverzeichnis

Um eine bessere Lesbarkeit zu gewährleisten wurde in dieser Publikation auf einen ausführlichen Anmerkungsapparat verzichtet. Bei Rückfragen erhalten Sie beim Autor (michalak@anno-verlag.de) ausführliche Informationen über die verwendete Literatur und die Herkunft der einzelnen Quellen, die für die jeweiligen Kapitel benutzt wurden.

Folgende Archive wurden für die Erstellung dieser Publikation genutzt:
Archiv „Hotel van Bebber", Gästebücher „Hotel van Bebber" 1940-2014 (alle Repros/Scans Tim Michalak und Helge Boele, Xanten), Privatarchiv Familie van Dreveldt, Xanten, Privatarchiv Tim Michalak, Xanten, Archiv Lions-Club Xanten, Stadtarchiv Xanten, Kreisarchiv Wesel, Stadtarchiv Wesel, Landesarchiv Duisburg, Bundesarchiv Koblenz, Geheimes preußisches Staatsarchiv Berlin-Dahlem, Archiv Deutsche Kine-

mathek. Museum für Film und Fernsehen Berlin, Firmenarchiv Underberg, Rheinberg, Fotoarchiv Helmut Sommer, Xanten, Fotoarchiv Peter Neske, Xanten, Interviews Getraude van Dreveldt (2013/2014), Interviews Anne van Dreveldt-Trautmann (2013/2014).

Bildnachweis

Helge Boele, Xanten, Archiv „Hotel van Bebber", Privatarchiv Tim Michalak, Xanten, Archiv Firma Underberg, Rheinberg, Sammlung Klaus Neske, Xanten, Sammlung Helmut Sommer, Xanten, Stadtarchiv Xanten, Martin Hatscher, Ahlen (Westfalen), Dombau-Verein Xanten Bildarchiv.

Unsere Sponsoren

SCHADE Versicherungsmakler
MARTENS/PRAHL HOTELVERSICHERUNGEN

Zu 230 Jahren Gastlichkeit am Niederrhein gratulieren den Gastgebern des Hotels van Bebber, Familie van Dreveldt-Trautmann, Schade Versicherungsmakler und das Team der Martens & Prahl Hotelversicherungen. Wir schätzen die Zusammenarbeit sehr und wünschen Familie van Dreveldt-Trautmann allzeit Glück und Erfolg.

www.hotelversicherungen.de | schade@hotelversicherungen.de | Tel. 02642 99 787 40
www.mp-hotel.de | jb@mp-hotel.de | Tel. 0451-16003-0

HERZLICHEN GLÜCKWUNSCH HOTEL VAN BEBBER

U.S. WIRTSCHAFTSBERATUNGS GMBH

Sparkasse am Niederrhein

Handelshof

Elektro: Technik & Service
HUSSMANN
Hans Hussmann GmbH
Siemensstraße 2
47533 Kleve

0 28 21 / 77 53-0
www.hussmann-elektrotechnik.de

Neumaier
HOTEL · RESTAURANT
www.hotel-neumaier.de

Heute ins **Hövelmann's**
Restaurant & Hotel

ADA Cosmetics International

Schweers
SANITÄR · HEIZUNG · KLIMA

Theo GEENEN Ing. grad.
SCHLOSSEREI
METALLBAU
SCHLÜSSELDIENST

Im Niederbruch 23
46509 Xanten
Telefon (0 28 01) 54 93
Telefax (0 28 01) 47 37
www.geenen-metall.de
info@geenen-metall.de

Schlumberger®
seit 1842
MÉTHODE TRADITIONNELLE

EMMERICHS KÜHLANLAGEN

Kühl- und Gefrieranlagen
Klimageräte · Bierdruckanlagen
Kühlmöbel · Wärmepumpen
schlüsselfertige Kühl- und Tiefkühlzellen

Maulbeerkamp 2 · 46509 Xanten
Tel. 02801/1367 · Fax 02801/2219

Möllemann Xanten
Dach und Wand

Im Niederbruch 5 • 46509 Xanten
Telefon (0 28 01) 27 32 • Telefax (0 28 01) 20 14
info@moellemann-xanten.de • www.moellemann-xanten.de

H.G. Schmithüsen
Büchsenmachermeister ...seit 1884 Qualität aus Tradition.
• Jagdausrüstung/-Optik • Munition • Jagdbekleidung
• Büchsenmacherei • Jagd-/Sportwaffen für Damen/Herren
Marsstr. 53-55 46509 Xanten Tel 02801/ 7139-0 Fax 02801/ 7139-20
Jagdschieß-Center
• Schießkino (25 m Schussentf., 28,5 m Bildwand, HDTV)
• Großkaliber-Kugelschießstand (drei 100-m-Bahnen)
Küvenkamp 24 46509 Xanten Tel 02801/ 96 82
info@waffen-schmithuesen.de • www.waffen-schmithuesen.de

Bäckerei - Konditorei
Lebart
...in aller Munde.

Gastro - Pro
KÜCHENTECHNIK FÜR DEN PROFI
Inh.: Hans - Gerd Swenne

protel
hotel software®

Bei Sonnenschein gemütlich draußen sitzend gekühlte Getränke zu sich nehmen – auch dies ist „im" „Hotel van Bebber" möglich.